E战成名

E ZHAN CHENGMING

暨南大学EMBA杰出企业家商业实战案例（2015）

吴 菁 凌子山◎编著

暨南大學出版社
JINAN UNIVERSITY PRESS

中国·广州

图书在版编目（CIP）数据

E战成名：暨南大学EMBA杰出企业家商业实战案例：2015/吴菁，凌子山编著. —广州：暨南大学出版社，2017.3
ISBN 978-7-5668-2090-7

Ⅰ. ①E… Ⅱ. ①吴… ②凌… Ⅲ. ①华人—企业家—商业经营—经验—世界
Ⅳ. ①F715

中国版本图书馆CIP数据核字(2017)第070139号

E战成名：暨南大学EMBA杰出企业家商业实战案例（2015）
E ZHAN CHENGMING：JINAN DAXUE EMBA JIECHU QIYEJIA SHANGYE SHIZHAN ANLI（2015）
编著者：吴 菁 凌子山

出 版 人：徐义雄
策划编辑：张仲玲
责任编辑：曹 军 王雅琪
责任校对：何利红
责任印制：汤慧君 周一丹

出版发行：暨南大学出版社（510630）
电 话：总编室（8620）85221601
营销部（8620）85225284 85228291 85228292（邮购）
传 真：（8620）85221583（办公室） 85223774（营销部）
网 址：http：//www.jnupress.com http：//press.jnu.edu.cn
排 版：广州市天河星辰文化发展部照排中心
印 刷：深圳市新联美术印刷有限公司
开 本：787mm×1092mm 1/16
印 张：8.75
彩 插：8
字 数：180千
版 次：2017年3月第1版
印 次：2017年3月第1次
定 价：42.00元

案例 1：中国企业家的成长轨迹（昌亿科技）

案例 1：中国企业家的成长轨迹（昌亿科技）

案例 2：艾华邦公司的创业发展之路

案例 2：艾华邦公司的创业发展之路

案例 2：艾华邦公司的创业发展之路

案例 3：省省回头车，让物流变得简单（德诺物流）

案例 3：省省回头车，让物流变得简单（德诺物流）

案例 4：名度网络公司

案例 4：名度网络公司

案例 5：渔道品牌营销之路

案例 5：渔道品牌营销之路

案例 6：宇博电子商务产业园

案例 6：宇博电子商务产业园

案例 7：果爱鲜果切市场分析与展望

案例 8：广州乾元和制衣企业品牌转型

案例 8：广州乾元和制衣企业品牌转型

案例 8：广州乾元和制衣企业品牌转型

案例 9：多美淘的兴起

案例 10：借“老钻石”入新领域（轻出集团）

案例 11：来自 20 世纪的味道传承（黄记玥亮）

案例 11：来自 20 世纪的味道传承（黄记玥亮）

案例 11：来自 20 世纪的味道传承（黄记玥亮）

案例 12：视声智能的异军突起之路

案例 12：视声智能的异军突起之路

案例 13：幸福世家：幸福养老不是梦

案例 13：幸福世家：幸福养老不是梦

案例 14：用信任引领“安全餐桌”

案例 14：用信任引领“安全餐桌”

案例 14：用信任引领“安全餐桌”

案例 14：用信任引领“安全餐桌”

序　言

21世纪，企业的竞争是人才的竞争，是资源的竞争，更是商业模式的竞争。

随着“互联网+”时代的到来，社会的变化可谓一日千里，市场竞争日趋白热化。企业作为市场竞争的主体，企业家作为企业的舵手，如何面对风云骤变的市场环境、突飞猛进的科学技术、日益稀缺的自然资源，如何在竞争中保住自己的一席之地，并获得更好的发展机会，是每个企业家需要思考的问题。不断地创新商业模式，已经成为当今企业生存与发展的不二选择。

本书为我们揭示了商业模式的魅力。商业模式是指为了实现客户价值最大化，把能使企业运行的内外部要素、资源整合起来，形成高效率的具有独特核心竞争力的运行系统，并通过提供产品和服务，建立持续盈利的组织和整体解决方案体系。商业模式中“独特的客户价值主张”，指在一个既定价格上，企业向其客户或消费者提供服务或产品时所需要完成的任务；“独擅的资源与能力”，可使企业在构建新商业模式过程中，避免新产品和业务被复制；“独享的营利模式”，是企业用以为股东实现经济价值的商业模式，这些核心理念都贯穿在本书的14个企业案例中。

本书为我们展现了一代华商企业家的成长历程。其汇集了由暨南大学管理学院主办的“暨南大学‘E战成名’商业模式大赛”两届杰出的参赛案例。这些案例从不同角度展现了新时代华商企业家通过独特的商业模式持续创新的风采。

同时，本书为我们呈现了暨南大学EMBA实践教育的辉煌成就。“始有暨南，便有商科”，作为具有百年商科教育文化底蕴的暨南大学，商科教育是其具有优势的核心学科。作为商科教育的高端项目——EMBA教育，更是培养了一大批杰出的华商企业领袖。暨南大学EMBA独特的实践教育体系和培养方式，让管理理论与企业领导实践进一步结合，让企业管理案例更贴近真实商战，让EMBA学子能够学以致用，决胜千里，得到了广大企业家和高级职业经理人的普遍认可。

吴　菁

2016年12月

目录

CONTENTS

百年暨南

1906 年，清政府为“宏教泽而系侨情”，设学于六朝古都南京，创办了中国第一所国立华侨学校“暨南学堂”，这便是今日坐落于广州、被誉为“华侨最高学府”的暨南大学之前身。

“暨南”二字出自《尚书·禹贡》：“东渐于海，西被于流沙，朔南暨，声教讫于四海。”其意思是要将中华民族的优秀文化传向世界，寄寓了弘扬华夏文明和维系四海同胞的办学使命。

一百多年来，前赴后继的暨南人对这份使命忠诚不渝。暨南大学为海内外培养了各级各类人才二十余万人，为国家的现代化建设和侨务工作，为祖国的统一大业、港澳回归和繁荣稳定，为弘扬中华民族的优秀文化、联系世界各地的中华儿女做出了不可磨灭的贡献。

暨南大学是中国第一所招收外国留学生的大学，也是中国招收海外学生人数最多的大学。目前在校各类学生 49 000 余人，其中海外及港澳台学生达 10 000 余人，他们来自全球 106 个国家和地区。

历史上的暨南园大师云集，马寅初、郑振铎、梁实秋、王亚南、周谷城、钱钟书、周建人、夏衍、许德珩、胡愈之、严济慈、楚图南、黄宾虹、潘天寿……这些令人仰慕的先生都曾在暨南的讲堂上传道授业。

一个多世纪的光阴里，暨南的旗帜下英才辈出。中国国务院前副总理吴学谦、李岚清，知名人士江上青，著名侨领、新加坡大学首任校长李光前，前泰国议会主席、副总理许敦茂，新加坡中华总商会前会长陈共存，以及近年来内地和港澳地区的王学萍、徐乐义、钟阳胜、佀志广、马有恒等政府、工商及文教界著名人士均是暨南大学不同时期的杰出校友。真可谓满园桃李，四海芬芳。

暨南大学 EMBA

EMBA 是“高级管理人员工商管理硕士”的英文缩写，是国际流行的高级管理人员在职教育。2002 年，经国务院学位办批准，作为我国首批开展高级管理人员工商管理硕士（EMBA）学位教育的试点院校之一，暨南大学管理学院正式开办 EMBA 项目，并设立 EMBA 教育指导委员会。

作为百年华侨最高学府，包括华商教育在内的中华文化教育是暨南大学教育最大的特色。而作为暨南大学商科教育的主阵地，暨南大学管理学院一直在追求持续发展的目标，那就是建设成为拥有名牌专业、杰出师资、卓越声望且具有中国特色和国际影响力的一流商学院。随着暨南大学商科教育的不断完善与发展，其 EMBA 教育也逐步显示出暨南特色：终身学习的华商教育理念、持续改进的“三三制”教学模式、汇聚庞大人脉与商脉资源的校友网络计划、国内首创的华商管理案例基金平台、华南地区最具影响力的华商管理论坛、全球商业文化交流的宽广平台等。众多带有“暨南”烙印的教学实践活动，使每一位入读暨南大学的 EMBA 学子受益终身。

一、暨南大学 EMBA 教育的培养目标

（1）培养具有良好的中华文化认同感和社会责任感的现代企业高端管理者。

（2）培养能够将现代管理理念融汇于中国管理实践的知识型高端管理人才。

（3）培养具有持续创新精神的学习型、开拓型华人企业家。

二、暨南大学 EMBA 教育的优势特色

（1）终身学习的华商教育理念。暨南大学管理学院作为中国华南地区商科教育的领跑者，坚持以“华商教育 + 实践导向”为特色，将“让管理者由优秀实现卓越”的华商教育理念贯穿于每一位 EMBA 学子的学习生涯中，努力将学生打造成在中华文化背景下的商业实践中拥有深刻洞察力的国际化华商领袖。

(2) 持续改进的"三三制"教学模式。暨南大学 EMBA 教育的"三三制"教学模式，即三分之一的学习收获来自课堂教学，三分之一来自同学之间的交流，三分之一来自对企业的考察调研和移动课堂。"三三制"教学模式使暨南大学 EMBA 实现知识财富、能力财富、校友财富和暨大品牌财富的持续增值。

(3) 汇聚庞大人脉与商脉资源的校友网络计划。独具暨南风格的华商教育整合了庞大的校友资源，突出了行业整合的特色。力求校友资源最大化的共享与整合是暨南大学 EMBA 培养模式的一大亮点。

(4) 国内首创的华商管理案例基金平台。华商管理案例基金，强调通过华人文化背景下的管理案例研究与开发，实现 EMBA 教学培养与管理实践的完美结合。暨南大学 EMBA 学子自身的企业案例和海外华商管理实践都作为华商案例的主要来源，由此构建了一座将本土与侨情相结合，教授与学生相结合，教学与实践相结合的重要桥梁。

(5) 华南地区最具影响力的华商管理论坛。以世界杰出企业家、著名经济学家和管理学家及政府要员为嘉宾平台，以众多华商企业家、EMBA 校友平台为载体，以"开启华商智慧，传承华商文化"为宗旨的华商管理论坛，是华南地区经济管理领域规模最大、影响最为广泛的高端论坛。众多海内外知名学者和企业家，如唐·舒尔茨、彼得·圣吉、钱·金、郎咸平、吴晓波、傅佩荣、余世维、何帆等都曾在华商管理论坛上分享知识与智慧。

(6) 全球商业文化交流的宽广平台。2011 年 AMBA 国际认证以及 2012 年 EFMD 会员资格的取得，标志着暨南大学管理学院的国际化水平实现了一个里程碑式的跨越，学院拥有越来越多与世界一流商学院和企业探讨、交流管理实践经验和理论研究的机会，为 EMBA 搭建了全球商业文化交流的宽广平台。学生们可通过与世界一流商学院和企业的近距离接触，拓宽国际视野，融汇中西管理思想，成为在中华文化背景下的商业实践中拥有深刻洞察力的国际化华商领袖。

中国企业家的成长轨迹

——惠州市昌亿科技股份有限公司董事长杜崇铭

从汕头市华宇物资公司到惠州市昌亿科技股份有限公司，一个具有创业精神的企业家的开拓创新之路从未止步。本案例的主人公——杜崇铭董事长，由原来从事贸易行业的企业家经过二十多年的蜕变，创立了一个资金、技术、人才密集型的高新技术企业，引领着中国高分子材料行业获得一项又一项荣誉，并成功登陆天津股权交易所。本文从这位企业家的创业故事出发，为我们展现改革开放以来一代企业家的成长之路。

一、引言

2013 年 12 月 26 日上午十点，一家来自惠州市惠阳区的从事高分子复合新材料研发、生产和销售的高新技术企业在天津股权交易所正式挂牌上市。当天交易所的焦点都汇集到一位操着潮州口音的客家人——杜崇铭董事长的身上。

二、初次创业

20 世纪 80 年代初，随着改革开放的步伐日益加快，中国的汕头人民开始感受到创业给他们的生活和这个社会带来的重大改变，而作为这片热土上的岭南人更具有先天的商业敏锐感。杜崇铭，这位生活在汕头的年轻客家人，面对计划经济向市场经济转轨的时代巨变（过去，社会物资奇缺、人民生活困顿、物流与商流不畅等影响着社会的方方面面，小到一针一线，大到各种家电，都是城乡居民梦寐以求的），天生敏锐的商业嗅觉使他意识到这既是社会转型的必然阵痛，也是巨大的机遇。尤其是对于我国于 1982 年正式成立的第四个经济特区——汕头经济特区而言，更是一个千载难逢的机遇。

在社会改革的大浪潮中抓住市场的机遇，改变生命轨迹，是这位年轻客家人的朴素想法。正是在这样的社会大背景下，1985 年，杜崇铭用手中仅有的千余元草创了汕头市华宇物资公司，从事了那时除了工人、农民和干部以外的“第四类人”才会从事的工作——贸易。近五年的物资贸易工作，使得这位年轻的企业家通过各种社会物资的交易、运输等，逐步认识了市场，掌握了一些市场规律。用杜崇铭的话说，那个年代，“只要能弄到物资，随便往哪一运，就是财富”！但是，在那个“姓‘资’姓‘社’”都还存在议论的年代，这需要付出巨大的政治勇气！

三、“初生牛犊”

在那个缺乏资金、没有关系与背景的年代，如何在竞争中处于不败之地，是杜崇铭这位“初生牛犊”所迷茫的问题。在那个批文盛行、物资奇缺的年代，获得物资是至关重要的；同时，如何获得产品的销路考验着每一位企业家。随着贸易经验的日益丰富，善于捕捉商业信息的杜崇铭再一次抓住了跨越式发展的机会。

为了进一步推动潮汕地区的经济发展，加强潮汕地区与珠三角地区的沟通与联系，尤其是推动商品经济的发展，广东省和铁道部共同出资规划兴建了广梅汕铁路。广梅汕铁路于 1991 年 5 月 31 日正式动工，历经四年零两个月建成，途经广州、梅州、汕头，铁路穿越粤中、粤东山区，挺进潮汕平原，是一条贯穿广东中部和东部的铁路。它跨越 17 个县市，正线和站线铺轨 570 公里，修建特大、大、中桥梁 188 座，隧道 68 座，涵洞 2 191 座，土石方总量 5 000 万立方米，完成建设项目投资近 40 亿元。1995 年 7 月 20 日，广梅汕铁路全线贯通，并于 9 月 27 日投入货运，比全线投入运营目标提前了 21 个月，标志着广东省铁路运输网络基本形成。1995 年 12 月 28 日，广梅汕铁路正式开通客运。

广梅汕铁路的正式开通，使珠三角地区的小家电、日用化工品等商品贸易被快速地带动起来，并向粤东山区源源不断地输送，而人口密集的粤东地区，也为珠三角地区带来了庞大的劳动力资源。这种双向的流动，使得人员、商品快速流转，为铁路沿线的货物供应市场带来了巨大的机遇。

正是广梅汕铁路的兴建，让杜崇铭抓住了企业持续稳健发展的重要机遇。作为营收规模较小、社会知名度不高、各项资质不够完善的企业，如何才能进入广梅汕铁路的物资供销平台呢？这时若是一般的小商小贩，或许已经打了退堂鼓，但是对于勤奋聪明的杜崇铭而言，这完全是上天的恩赐，他通过承包惠州市供销社小金中贸易部，做起了“铁老大”的物资专营生意。杜崇铭经过充分的市场考察发现，家电、日用品、玩具等是潮汕地区最为畅销的产品，而潮汕地区的海产品、农产品的供应量又恰好能满足珠三角地区庞大的市场需求。正是借助铁路这一低廉、快捷的运输渠道，杜崇铭的铁路贸易生意越做越红火，可持续供货广梅汕铁路直至2000年。

四、转型升级

随着贸易竞争的加剧，再次感觉到危机的杜崇铭认为，纯粹地做贸易商的利润空间已经日益缩小，而随着全球化市场的发展以及世界生产基地的转移，产品加工行业对于劳动力低廉、土地资源丰富、产品市场广阔的中国南方城市而言，存在着巨大的商机。但是，在粤东地区，汕头市华宇物资公司已初具规模，是继续坚守贸易行业，还是实现转型升级，成为摆在杜崇铭面前的一道困难的选择题。

对于从事小商品、五金等贸易行业多年的杜崇铭而言，他深知目前随着全国十多亿人口的生活消费水平的提高，巨大的日用品消费市场将是各类企业发展的重点。但是对于经济实力不强的汕头市华宇物资公司而言，要进行终端产品的直接生产会受到资金、技术、人才等多方面因素的制约，因此，杜崇铭打消了从事终端产品生产的念头。那么，还有哪些行业是汕头市华宇物资公司能够利用现有条件进入，而其市场前景又较为广阔的呢？经过一系列的考察，杜崇铭果断地做出了进入塑料制品行业的决定！

塑料，当今社会如果缺乏这一材料，人们的生活是无法想象的。塑料是以单体为原料，通过加聚或缩聚反应聚合而成的高分子化合物，俗称塑料或树脂，可以自由改变成分及形体样式，由合成树脂及填料、增塑剂、稳定剂、润滑剂、色料等添加剂组成。中国塑料工业经过长期的发展，已形成门类较齐全的工业体系，成为与钢材、水泥、木材并驾齐驱的基础材料产业。塑料作为一种新型材料，在20世纪中后期的使用领域已经被大规模地扩张。而迈入21世纪，其使用领域更是远远超越上述三种基础材料。中国塑料工业取得了令世人瞩目的成就，实现了历史性的跨越。作为轻工业支柱产业之一的塑料制品行业，近几年的增长速度一直保持在10%以上；在保持较快发展速度的同时，经济效益也有提高。塑料制品行业规模占企业产值的总额在轻工业19个主要行业中位居第三，实现产品销售率97.8%，高于轻工业平均水平。从合成树脂、塑料机械和塑料制品生产来看，都显示了中国塑料工业强劲的发展势头。塑料制品被广泛地应用于社会生活的各个领域，存在着巨大的商机。

在当时市场供给严重失衡的年代，任何商品都存在着巨大的市场需求。然而面对当时人均年收入不足千元的状况，低廉才是制胜的关键。尤其是在粤东，澄海地区的玩具行业、潮阳地区的服装纺织行业、潮南地区的化工塑料行业等开始逐渐形成集聚效应，人们对于塑料的需求日益庞大，这也为中国塑料工业的发展带来了巨大的市场机会。

因此，杜崇铭选择了当时制作工艺简单、技术要求不高、资金投入较少的生活塑料制品行业。这一“短、平、快”的加工行业，让华宇再一次实现了企业的跨越式发展，即由贸易型企业转型为制造型企业。用杜崇铭的话来说：“那就像人从小学一下子跑进了大学殿堂一样！”其中的艰辛与汗水，不是一般人能体会的。确实，华宇从转型的第一天起，就面临着诸多考验。

1999 年，惠州市昌亿塑料制品有限公司正式成立，一向喜欢结交天下朋友的杜崇铭在熟人的介绍下，租下了一个面积仅有千余平方米的老厂房。为了节省人工成本，杜崇铭再一次发挥了客家人吃苦耐劳的优良传统，带着二十余名工人，为杂乱的旧厂房来了个大变脸，清淤、刷墙、堆砌等泥水活都亲自动手。据当时一位老员工回忆：“没想到老板能够这样亲力亲为地干这些粗重活，我们这些打工的还能说什么呢，只能跟着老板干呗！”

解决了厂房问题，接下来的问题还有一大串，如企业生产设备的引进、原材料的采购、流动资金等问题一个接一个地出现在杜崇铭眼前。对于一个过去一直从事贸易行业的人而言，塑料生产毕竟是一门技术活，刚开始杜崇铭对于什么是聚乙烯、什么是高密度聚乙烯、什么是聚苯乙烯等根本一窍不通，身边的员工也为老板的“贸然决定”抹一把汗。但是熟悉杜崇铭的人都知道，他不会做没把握的事，不打打不赢的仗！在短短一年的时间里，他跟着几位工程师埋头于生产线，知道了一条条生产不同产品的生产线是如何运作的。一方面，杜崇铭凭借个人敏锐的市场洞察力，结合市场的需求，生产了一系列畅销产品，如在欧美国家时兴了近十年的高强度塑料折叠凳就是当时杜崇铭极具创意之作。回顾一位工程师的话：“这是我们公司活生生的技术与市场的结合典范！”

五、产业选择

塑料作为一个行业大类，其用途广泛、产品结构复杂，有几分钱一个的塑料袋子，也有几十万元一吨的聚碳酸酯；有进入寻常百姓家的一般生活用品，也有应用于航天航空仪器的高端产品。但是随着塑料制品行业的技术日益成熟、越来越多企业的进入，这一行业的竞争日益激烈，企业利润在不断降低。杜崇铭作为这个行业的晚来者，一直在思考一个问题：如何才能进一步扩大产品的销路，提高企业的利润，使得自己的企业永远立于不败之地？

在塑料市场竞争不断加剧，竞争者不断加入的背景下，杜崇铭再次面临艰难的选择：是继续在低端产品上扩大产能，降低成本，攫取日渐微薄的利润，还是继续深挖塑料这个行业的“大金矿”，找到企业的“蓝海”？广泛的市场考察和敏锐的市场嗅觉，让杜崇铭再次发现了新机遇，那就是聚碳酸酯！

聚碳酸酯（PC）是分子链中含有碳酸酯基的高分子聚合物，根据酯基的结构可分为脂肪族、芳香族、脂肪族—芳香族等多种类型。其中由于脂肪族和脂肪族—芳香族聚碳酸酯的机械性能较低，从而限制了其在工程塑料方面的应用。目前仅有芳香族聚碳酸酯实现了工业化生产。由于聚碳酸酯结构上的特殊性，其现已成为五大工程塑料中增长速度最快的通用工程塑料。

目前全球聚碳酸酯应用已向高功能化、专用化方向发展，我国 PC 生产能力和市场需求均呈现快速发展的局面，尤其是国内多套规模化装置的建设，为该行业提供了广泛的原材料基础。随着我国经济蓬勃发展，汽车、电子仪器、军事工业等领域对高性能塑料合金的需求日益扩大，未来几年我国 PC 工业将进入一个新的发展阶段，其中最为关键的是要加快对 PC 的应用与研究。

PC/ABS、PC/玻璃纤维目前在仪表板上的应用已经很成熟，但随着汽车工业的发展，消费者对内饰产品的环境和安全要求越来越高，因此需要使用有更低的气味挥发、更好的耐冲击性的材料。材料供应商针对这种需求，已经提供了更好的解决方案，不断推出气味更低、更耐水解、流动性更好，在低温及热老化后具有更优异的多种冲击性能的产品，如 SABIC 基础工业公司推出的 CYCOLOY XCY620、Bayer 公司推出的 T85XF、锦湖日丽（Kumhosunny）公司推出的 HAC8260 等产品。

2009 年 5 月，国家电网公司首次向社会公布了智能电网的发展计划。在国内市场需求方面，到 2020 年智能电网总投资规模将约为 4 万亿元，2009、2010 年投资约 5 500 亿元，2011—2015 年投资约 2 万亿元，2016—2020 年投资约为 1.7 万亿元。2012—2014 年，国内采购约 2 亿台智能电能表，其中约 75% 是单项智能电能表，约 25% 是三项智能电能表。预计国家电网公司年需求 6 000 万 ~ 7 000 万台智能电能表。同时，南方电网公司预计年需求 1 000 万 ~ 1 100 万台智能电能表。两者合计，预计国内智能电能表年需求量为 7 000 万 ~ 8 100 万台。2010 年 4 月，欧盟委员会颁布了涵盖电、气、水和热计量在内的智能表安装计划，在智能电能表方面，2020 年要完成 80% 的安装，2022 年要完成全部智能电能表的安装。相较欧盟委员会颁布的计划，欧洲许多国家其实已经制订了更为紧迫的时间计划表。据估计，到 2020 年全球范围内将要安装 20 亿台智能电能表，扣除中国 3.5 亿台，其他国家一共需要安装 16.5 亿台智能电能表。因此，智能电能表的国际市场广阔。2007、2008、2009 年我国电子式电能表出口数量分别为 9 537 881 台、9 988 679 台、7 618 017台，其中智能电能表占较高比例。预计我国电能表的出口量在未来几年可达到1 000万~1 200万台，其中智能电能表的出口量占40%~50%，智能电能表年出口量为400万~600万台。国内需求和出口需求合计，智能电能表市场容量为7 400万~8 700万台。主要市场为国家电网和水网要求的智能电表和智能水表壳体材料，市场需求容量大。

随着高分子材料的发展，特别是工程塑料的高速发展，各种工程塑料在军备中的应用也越来越广泛。从小口径枪械到大口径火炮，从步兵战车到主战坦克，从深海潜艇到高速战机几乎无处不见工程塑料的身影。美国第三代战机F－15中塑料或树脂基复合材料占自重的5.1%，第四代战机F－22中的比例上升到32%。我军在这方面的研究也有较大的进展，从歼－8开始，雷达罩和高频天线罩等部分已经使用了树脂基复合材料，95式的部分枪械也采用了增强工程塑料。

国外20世纪80年代初开始进行炮弹塑料包装箱的研究，Bayer（德国最大的化工集团）、GE（美国通用电气公司）等化工巨头都参与了各自国家的研制计划。德国1983年开始在黄鼠狼步兵战车上试装了20mm炮弹塑料包装箱，美国也从1983年开始装备了20mm炮弹塑料包装箱。外军在炮弹塑料包装箱的研制中，经历了从小口径、中小口径至大口径研发这一过程，现在已有120mm炮弹塑料包装箱列装。到1999年，美军的各型炮弹塑料包装箱占炮弹包装箱的比例已达到65%，而在1983年以前还是空白。从这一趋势不难看出，塑料包装箱的应用将成为炮弹包装箱的主流，并可能完全取代其他材质的炮弹包装箱。

大型客机目前突出强调安全性、经济性、舒适性和环保性，这些性能上的高要求决定其对复合材料需求的迫切性和必然性。先进复合材料诞生于20世纪60年代末，大型客机早于20世纪70年代初就开始了先进复合材料应用的历史进程。到了20世纪90年代，复合材料在飞机上的应用更为广泛，玻璃纤维、碳纤维、卡夫隆、碳纤维/卡夫隆复合材料占飞机制作材料总量的30%以上（以波音777为例）。随着复合材料的广泛应用，复合材料的检测也变得越来越重要。

经过这一系列调查研究，杜崇铭发现，公司还有更大的发展空间，那就是进军原来只有外国化工巨头占据的高端材料领域。但是，自己这家在行业内名气还不大的塑料加工企业有这样的实力吗？研发能力是否能达到产品的要求？企业是否有足够的资金支撑？管理团队是否能跟得上？一系列的问题又摆到了杜崇铭的面前。经过内外部条件的全面权衡，杜崇铭终于拍板：进入聚碳酸酯行业！

六、创新管理

作为一家传统的加工型企业，惠州市昌亿塑料制品有限公司只需要二十余名生产工人、几个仓库看守、两个财务会计，就可以有序运营了。但是，从转型的方向——资金、技术、人才高度集中的高科技材料行业来看，杜崇铭知道，企业在管理体制、组织架构、人才管理、资本运作等方面如果不做全方位的改革，再宽广的市场也与自己无缘。

为了实现企业由一般塑料加工型企业向高科技材料企业的成功转型，杜崇铭在企业管理方面开始着手全方位的改革，在扩张企业、调整管理团队、提升研发能力、优化营销模式、整合价值链等方面，均采取了大胆而具有颠覆性的改革措施。

在企业改制重组方面，杜崇铭为了适应企业的发展，进行了企业的股份制改造，使企业向管理制度化、公司治理科学化方面迈出了重要的一步。在1999年，杜崇铭成立了惠州市昌亿科技股份有限公司（简称昌亿科技），公司被定位为专业从事高端塑料新材料的科技研发与生产的企业，产品应用于国家高新技术企业必需的高新材料，公司扩建为拥有近10 000平方米的研发基地和近40 000平方米的生产基地，注册资本扩大到5 660万元。这使得企业较大地提高了综合市场竞争力和研发实力。

在团队管理方面，昌亿科技的核心团队由杜崇铭、林湖彬、朱建一组成，三人的性格、能力、文化、经验相互补充，相得益彰。杜崇铭总经理，客家人，谦虚好学、胸襟博大、性格稳重、思路开阔、为人忠厚、凝聚力强，在做重大决策时看得准、担得稳，投资方向把握正确，与政府、科研机构、上下游客商及周围的人有着良好的关系，善待员工、爱惜人才，营造了良好的企业文化。林湖彬副总经理，潮汕人，勤学好问、思维敏捷、经验丰富、做事干练，在研发管理、经营战略、内引外联等方面有很多创新性的见解，协助总经理落实了公司的科技领先战略，有效地组织了公司的运营。朱建一任技术总监，湖北人，早年留学日本，是高分子材料领域的资深专家。朱总带领科技人员日夜奋战，攻克了一个又一个科技难题，获批了十几项发明专利，为昌亿科技赢得了巨大的发展机会；同时，他还广泛联络业界专家、学者，在研发团队的外围建立了强大的外部知识库，搭建了科技领先的良好平台。

在企业研发管理方面，昌亿科技坚持科技领先战略，每年将营业收入的6%投入研发领域。公司52人中有23人是研发人员，其中博士3人、硕士2人、学士9人，研发人员总数约占职工总数的44%。此外，公司充分利用“外脑”，与暨南大学、中山大学、华南师范大学、北京化工大学（原北京化工学院）等多家高校开展“产、学、研”科研合作，成为行业内被率先授牌的“省部级科技特派员驻地企业”。三年来共获得发明专利9项、实用新型专利2项、外观设计3项。已申请受理的发明专利共43项。“聚碳酸酯/ABS合金塑料制备及应用”项目、获得了广东省科技型中小企业技术创新基金立项；“高性能改性聚碳酸酯合金材料研究”获得惠阳区科技计划项目立项。2012年，专利“耐寒智能电表壳体用聚碳酸酯/玻璃纤维合金及制备方法”获得惠州市科学技术奖专利类金奖。

在营销模式革新方面，公司管理者针对所处行业的特点，制定了“滴灌式营销”的策略，没有任何广告宣传，不做无谓的上门推销，通过领先的技术水平在行业协会推介公司的产品，利用产品稳定的卓越性赢得用户的口碑，借助口口相传，巩固其在行业中的地位。专利产品不仅性能优越，而且价格低廉，给下游客户预留了利润空间，这是撬动市场的强力杠杆：客户可以为了低成本拒绝高性能，也可以为了高性能拒绝低成本，但不可能拒绝质优价廉。公司用“营销人员+技术人员”的服务营销团队，提供体贴入微的技术服务，锁定既有的客户资源，用跟踪终端产品的方法，调查客户对产品的意见，发现客户所用原材料的缺陷，并为之找到有效的解决方案，以此拓展新的营销渠道。这种“技术品质+体贴服务”的“滴灌式营销”策略，不是其他公司在短期内可以轻易复制的。

公司运营采用“两头大中间小”的“哑铃式”发展模式，将重点放在产品研发和市场营销两端。公司生产技术已经成熟稳定，以流程化的方式实现了“无为而治”的管理。在产品研发端，不断加大投入力度，开发新的专利产品，做到“生产一代、储备一代、研发一代”，以技术创新创造价值，与下游客户分享价值。在市场营销端，市场人员与技术人员组成项目小组，针对特定客户群进行咨询式营销，为客户提供“一对一”的解决方案。

公司采用纵向一体化的发展战略，立足现有的高分子材料市场，在品种和规模上做大、做强，即前向一体化：参股石油化工或废料回收企业，削减价格波动的影响，稳定原料质量；后向一体化：参股或控股有前景的产品制造企业，与下游企业形成战略联盟，打造利益一体化的价值链同盟。

正是杜崇铭在过去多年进行的这一系列改革，使得昌亿科技拥有卓越的研发能力，有资格扮演价值链上的核心角色。纵向而言，上游与石油化工企业、废料回收企业结成战略联盟，确保稳定的原料来源、可靠的品质，以及平稳的价格；下游与产品制造企业结成战略联盟，确保通畅的销售渠道——这种前后贯通的价值链一旦形成，便可以加速资金的流转速度，为链上企业提供源源不断的剩余价值。横向而言，与高校、科研院所结成战略联盟，扶持科技人员的研发项目，使之成为昌亿科技的外部资源；加强与政府、民间团体的联系，努力促进节能环保，履行企业的社会责任。与此同时，发挥研发人员的积极性，为上下游企业提供技术咨询，提升其产品竞争力，这样整个价值链的效率提高了，整个价值链成员企业则分享到了技术创新的红利。

七、二次创业

对于一个资金密集型、技术密集型、管理能力密集型的高新材料行业，企业要实现跨越式的发展，考验着企业掌门人的战略视野和宏观领导能力。随着企业生产规模的日益扩大，产品在行业内的知名度日益提高，企业也驶上了发展的高速公路。进入2012年，企业经过一系列改革和发展后，昌亿科技专业研发与生产各种耐腐蚀、耐低温、高强度、高透光的新型高分子塑胶原料，现已形成了10条产品线，为仪器仪表、航空航天、灯管灯具、特种箱体壳体等下游生产企业提供原材料。产品质量稳定、性能良好，部分专利产品达到了国际领先水平，实现了对进口产品的超越与替代，且其成本远远低于进口产品，具有强大的市场竞争力。多数产品利用了回收材料，具有保护环境和发展循环经济的社会意义；部分产品的强度达到了可替代金属的强度，通过了高铁、军工、航空航天等相关部门的质量认证。其中，自主研制了涵盖十大领域的高端科技新材料产品：①高速列车绝缘电阻和挡板座新材料；②自动化发电机组核心新材料；③自动化电子式电能表新材料；④自动化电子式水表新材料；⑤高标准仪表新材料；⑥家用电器高光新材料；⑦LED灯高透光新材料；⑧高标准折叠凳新材料及产品；⑨高级汽车材料配件；⑩体育专用室内外塑胶地板等。

预计在未来材料行业的黄金二十年，世界塑料合金的年均需求增长率为10%左右，其中附加值最高的工程塑料合金的增长率更可高达约15%，塑料合金将成为各跨国公司积极开发的品种。而我国工程塑料合金品种少、质量差，每年进口量占需求总量的60%以上。进入“十一五”以来，我国塑料工业正逐步走上由塑料大国到塑料强国的跨越式发展之路，塑料制品总产量的年增长率约为10%。“十二五”期间，我国有机原料的生产规模将扩大，新技术的应用将增加，科技创新将取得明显成果，塑料改性和塑料合金产业将再上新台阶。到2015年我国塑料制品总产量可达到7 000万吨。

塑料制品的市场需求是巨大的，而对比目前仅占有1%～2%市场份额的昌亿科技而言，仍然具有巨大的市场机会。但是面对各种细分产品所需要的大量的研发投入、市场开拓、管理日益复杂化等问题，杜崇铭再次陷入深深的思考。

随着国家对资本市场的日益重视，加大企业直接融资比例，降低企业运营成本等一系列政策的出台，尤其是自2009年以创业板为代表的一系列证券市场的逐步建立，国家多层次、涵盖面日益广泛的融资市场逐步建立起来。似乎幸运之神又一次向杜崇铭招手。

2012年以前，挂牌上市对一直从事制造业的杜崇铭而言，应该说是一个完全陌生的过程。做一个普通的二级市场的股民，很多人都尝试过，但是要做一家上市企业的掌门人，所需要的知识、勇气及魄力却不是一般人能企及的。客家人杜崇铭再次成了勇于开拓的那个人。一方面，面对自己对科学企业管理理论、资本运作知识的渴望，他毅然在 2012 年报读了自己梦寐已久的高等学府，成为暨南大学高级管理人员工商管理硕士，系统地学习了相关知识；另一方面，通过各种社会信息渠道，对上市方面的人才、资源等信息进行了收集。

经过两年多的准备，在杜崇铭的带领下，惠州市昌亿科技股份有限公司在天津股权交易所成功挂牌（股票代码为 044015）。这是企业发展中一次质的飞跃，是昌亿科技沿着现代化、科学化、规范化方向登上新型资本市场舞台的一次质的突破。用杜崇铭的话说："这是自己人生的二次创业，其中的艰辛和痛苦，不是常人所能体验的。"

时至今日，昌亿科技已经成为一家专业从事高分子复合新材料研发、生产和销售的高新技术企业。企业秉持开拓创新、锐意进取的精神，坚持走"科技兴业"之路，以确保凭借领先的技术与产品，在高分子新材料领域独树一帜。自主研发的"耐寒智能电表壳体用聚碳酸酯/玻璃纤维合金及制备方法"领先世界水平，填补了国内空白，获得 2012 年度惠州市科学技术奖专利类金奖；在行业内被率先授牌为"省部级科技特派员驻地企业"，先后被评为"广东省民营科技企业""广东省高新技术企业""广东省创新创业百强企业""广东省最具核心竞争力企业"等。截至上市前，昌亿科技共获得国家授权发明专利 11 项、实用新型专利 4 项、外观专利 4 项，取得了一系列令人瞩目的成绩。在未来五年里，公司将集中优势资源，专注于塑料新材料的研究，特别是改性合金材料的研究，把航空航天高性能材料及智能仪表箱体壳体材料产品在极限条件下的性能稳定性作为重点研发方向，并保持与当前节能环保、科技创新的时代主题步调一致，继续提高产品的科技含量和质量，追求行业领先水平，推出科技含量更高的新材料产品，力争进入世界先进行列，同时继续为高压变频电器、无功补偿领域的产品提供配套的材料产品，为我国的节能减排和电网治理、电能质量改善、供水网治理改善等贡献力量。

杜崇铭，这位客家人将带领昌亿科技以国际化的眼光，团结一致，满怀信心地迎接挑战，建设世界级的百年集团企业。

艾华邦公司的创业发展之路

本文描述了深圳艾华邦艺术衍生品公司（以下简称艾华邦公司）的创立背景，以及创始人李宝焰先生的创业历程。本文在叙述艾华邦公司发展的同时，又以其为案例，揭示了艺术衍生品在中国的市场现状，阐述了在创业过程中公司负责人应该如何思考公司定位，如何发掘市场，以保证公司在竞争激烈的商场上占领一席之地，以及公司负责人应该从哪些角度出发思考公司未来的发展。

一、引言

在暨南大学第一届“E 战成名”商业模式大赛的比赛现场，李宝焰先生及其团队骨干在台上述说着艾华邦公司独特的商业模式，仿佛在诉说着一个激情而令人动容的故事。深圳艾华邦艺术衍生品公司成立三年来飞速发展，理念新颖，产品市场刚性需求越来越大，广受顾客欢迎，论及其中原因，本文将进一步进行深入探讨。

二、深圳艾华邦艺术衍生品公司创立背景

1. 艺术衍生品在中国的市场现状

“艺术衍生品”在中国还是一个比较新的名词，是指由艺术作品衍生而来的艺术与商品的结合体，具备一定的艺术附加值，包括经艺术家亲笔签名且限量发行的专供收藏和欣赏的版画，印有艺术家代表作品的文具、生活用品、服饰以及与艺术元素相结合的具有收藏价值的产品等。艺术衍生品的生产涉及授权和艺术、设计等方面的专业知识。

2. 艾华邦公司的创立之路

艾华邦公司是李宝焰夫妇于 2011 年创立的，公司初始注册资本 1 000 万元，

公司主营授权艺术衍生品，员工至今只有四人。

谈到艾华邦公司的创立之路，还得从一个美丽的故事说起。20 世纪 90 年代是网游在中国迅猛发展的时期，那时候很多青年都迷恋网游，李宝焰和他的妻子便是在玩网游时结识的。

李宝焰先生在大学所读的专业是网络技术，似乎每个大学生都会有一段沉迷于网络游戏的经历，在大二的时候李宝焰也没有逃过这一“劫”，当时被一个同学带进网游的世界，便一发不可收拾。可是聪明的他并没有玩物丧志，相反，他抓住了游戏的漏洞，在娱乐自己的同时，靠打高级装备赚得了人生的第一桶金。

不走寻常路的李宝焰，也传奇般地选择结束了自己的大学生活，没有毕业就离开了校门，怀揣着年轻的梦想和创业的斗志，毅然踏入了社会，他被父母安排到深圳一家国企单位去做一份朝九晚五的工作。心存孝义的他不忍违背父母的意愿，说服自己先在那里积累一些工作经验，这样一做就是三年，后来他再也无法忍受这种安逸而平淡的生活，终于在 2011 年底瞒着父母辞掉了“铁饭碗”，开始了创业之路。在辞职之前他于 2010 年便创立了艾华邦公司，当时只是在工作之余做些小买卖，用于补贴家用，离职之后便放开手脚，开始逐步实现自己的梦想。

机遇总是留给有准备的人，李宝焰天生就有独到的商业眼光，注重人脉搭建是他事业发展的主要基石。时逢 2011 年智能手机大爆发，而深圳又是梦想者的天堂，李宝焰把目光投向了深圳的充电宝领域，那时正是充电宝在中国刚刚起步的阶段。说干就干，刚开始没有资源，没有工厂，他便从渠道入手，代理别家的品牌，然后进军商场，抢占先机，也赚了不少钱。但是天生追求完美的他逐渐发现，这种代理方式有很大的局限性，如价格体系难以控制、质量无法把关、公司品牌无法塑造、公司信誉难以建立等。李宝焰便思考如何转型，使自己的公司能够独立起来。但是，当时的艾华邦公司没有工厂，没有供应链，没有自己的产品，只有四个销售员，他开始思考究竟要靠什么在商品市场上竞争？想要在竞争中出彩，自己的优势在哪里？

三、深圳艾华邦艺术衍生品公司发展历程

1. 发现市场

带着以上问题，为奔向建设自主品牌的目标，2012 年 5 月，勇敢果断的李宝焰便集资、找工厂做了第一批高质量的充电宝，在当时的市场条件下他给这款充电宝定价为 138 元，算是中等偏下的价位，高性价比，可是销量却出乎意料的惨淡，这一次的打击无论是从经济上还是从心理上都对他产生了不小的影响。但李

宝焰不甘心失败，他再次思考：为什么会出现这种结果？他的充电宝质量明明很好，价格也便宜，为什么没人愿意买呢？很快他便意识到要想在市场中胜出，产品必须实现差异化，可是问题又来了，如何实现产品差异化呢？

2010年世博会在上海举办，一个偶然的机会，善于发现商机的他注意到了一个细节：一名游客的旅行箱上居然印有齐白石的画！从那一刻起，这个画面便常常浮现在李宝焰的脑海中，他想，如果将齐白石的画也印在他的充电宝上，会不会获得客户的喜爱呢？由此他的艺术衍生品之路便开启了。

2. 初步涉足艺术衍生品领域

有此想法之后，李宝焰便一步步实施他的计划。基于自己几年来建立的人脉，机缘巧合，他认识一位齐白石画作的授权人，于是便积极去跟此人探寻合作的方法，以及如何在自己的产品上展示内涵深刻而有创意的大师作品，如何做到完美的结合，提升整体感。经过三个月时间的酝酿，2012年8月，第一款印有齐白石画作的充电宝面世了。李宝焰带着紧张的心情，开始发售这第一批艺术衍生品。功夫不负有心人，这批充电宝一上市便销售一空，而此次的定价为228元，高于第一款近100元。真是一次振奋人心的创新！这对李宝焰而言是一种极大的鼓舞，更加坚定了他对经营艺术衍生品的信心。

有了这一次的成功，艾华邦公司便继续开发艺术衍生品，为了开拓思维，不断学习公司管理知识以及培养创新理念，2012年11月李宝焰报名攻读暨南大学EMBA，开始了他的企业家学习之旅。也正是这一时期北京一家名叫百雅轩的艺术机构找到了李宝焰，该机构拥有著名大师吴冠中画作的授权。百雅轩文化艺术机构是中国领先的艺术家推广机构和艺术品运营机构，由李大钧先生创办于2003年，致力于推广中国最有价值和最具潜力的艺术家的艺术作品，致力于艺术产业化的创新实践，致力于建立面向世界的顶级艺术资源和艺术品整合运营平台。它以文化传承为己任，以百年老店为目标。其核心业务涉及画廊及新画廊经济、版画出版、艺术网站、艺术授权、艺术品投资顾问、中外文化交流、艺术衍生品等领域。

百雅轩作为一家高端艺术品经营公司，十分注重合作商的产品质量，在全国广泛寻找能够合作的公司，但是很多公司要么拒绝百雅轩的高价位合作投资，要么产品质量低不能达到百雅轩的要求。当百雅轩找到艾华邦公司的时候，双方一拍即合，高质量、高追求、走高端路线，是他们合作的契合点。2013年4月，双方正式合作，艾华邦公司便同时经营齐白石和吴冠中两位大师的授权艺术衍生品。

3. 进一步开发艺术衍生品

顺利的合作进展无疑增强了李宝焰对艺术衍生品市场的信心，同时他对公司的发展理念也越来越清晰，即让所有消费者了解中国的艺术文化。艺术衍生品在西方已经走过了几十年的历程，在中国国内刚刚起步，但也逐步受到大家的关注。相对于艺术品而言，其实惠的价格容易获得大众的青睐。近些年众多博物馆、美术馆、画廊等艺术机构开始涉足艺术衍生品。艺术衍生品作为艺术品的消费形式，不仅拓展了艺术的发展空间，而且丰富了普通人的生活，让生活艺术化、趣味化。

4. 艾华邦公司产品的市场差异性

就目前而言，艺术衍生品有着极大的吸引力，而艾华邦公司终于找到了自己的产品与竞争产品的差异性，清晰地认识到艺术衍生品的价值。艺术衍生品作为艺术和产品的完美结合，让冷冰冰的数码产品拥有更多的附加值；由于艾华邦公司的直销模式，保证了产品价格的统一性，消费者不会因为价格的差异而产生心里落差；艺术衍生品作为礼品，其自身由于艺术家的画作就具有非常好的寓意，适合作礼品，还可以根据送礼者的需求不断变化，做到深度定制；在数码产品拼价格、做低价值的市场环境下，艾华邦公司坚持高品质、守诚信的方针，坚持从客户出发，从消费者出发。这些都是艾华邦公司的优势。

5. 如何防止被模仿和复制？

手机周边产品，在中国市场上是很容易被模仿和复制的，艾华邦公司采取了哪些措施来规避这些风险呢？

（1）衍生品的授权开发：艾华邦公司与北京两大版权公司合作，分别向北京艺奇文创集团和北京百雅轩文化艺术机构购买了齐白石和吴冠中等知名画家的衍生品授权。

（2）市场的稀有性：目前衍生品的主要载体为自身具有艺术性的瓷器和丝巾，以数码产品为载体的艺术衍生品非常少，主要原因是由于数码产品的利润微薄、更新换代快、生产商为赚快钱而绞尽脑汁，导致很多厂商不愿意额外支付版权费。

（3）版权保护受重视：目前国内的工业“山寨品”横行，复制传播非常快。2013 年国家开始对知名画家的著作权进行保护，也是国家对版权保护越来越重视的表现。

在科技日新月异的今天，艺术衍生品无法被完全复制和模仿。从技术的角度上看，工业设计很容易被模仿，可是要想模仿平面设计却很难。

6. 如何选择艺术品？

李宝焰当初选择齐白石和吴冠中两位大师的画是有原因的。齐白石是人民艺术家、中国知名度最高的艺术家之一，其作品写意大气，较容易通过简单的设计融入产品之中；其作品寓意吉祥、喜庆，传统文化气息浓重。人们对于吴冠中的画认知度较高，其作品用在产品上容易被客户接纳。其作品内容丰富，可满足不同题材的需求——人物画、山水画等，油画、国画也均有佳作；作品画面效果唯美、清新，适合应用于服装、配饰、家居、日用品等外观设计中。

上述选择都是从中国的客户体验角度出发，针对市场特性做出的，产品自然会受市场欢迎。

艾华邦公司的艺术衍生品，在保持工业品自身高质量的同时，也保证了画作与产品完美的融合，让画家的原作很好地展现在载体上，便于消费者欣赏。艾华邦公司认为，他们的产品目标客户是对美有追求的人，而每个产品都有版权机构授予的防伪标识，支持在国家商务部进行查证；不打价格战，坚守目标客户群，不易被复制。

7. 如何销售产品？

作为一个成长型企业，艾华邦公司也面临着诸多问题。李宝焰意识到自己做艺术衍生品，产品过于单一，单单靠充电宝，实在很难开辟一片广阔的天地。他的目光放得更远了，决心开发新产品，开拓产品市场。

进一步的发展遇到了瓶颈，李宝焰于是从学习中找寻答案。又是如此巧合，2013 年 6 月，李宝焰在暨南大学 EMBA 教室里听新战略管理的课程，教授当时说了一句："产品是产品，产品不是产品，产品还是产品。"这句话简单却有点拗口，读来似乎又有些矛盾，在商场中实则是一句箴言。正是由于这句话彻底打开了李宝焰进一步发展的思维。他意识到艾华邦公司的产品是充电宝，充电宝是充电宝，是很实用的生活用品，方便、时尚、需求量大；但是充电宝不是充电宝，它是一件物品，可以用作礼品，新鲜、耐用、受欢迎；最终充电宝还是充电宝，公司的产品还是以充电宝为载体，离不开质量、外观、包装等。想通了这些，李宝焰豁然开朗，从此便从客户体验出发，从礼品角度出发，坚持认为送礼送到客户心里才是最精明的做法。

如何销售这些礼品充电宝呢？他决定走线下销售模式，进军渠道，因为线下的东西不容易被复制，市场信息比较容易掌握，公司的信誉容易维护，最重要的是不必与其他厂商打价格战。中国的电子商务市场很多是靠价格战来取胜的，这不仅需要雄厚的资本，还需要长久的时间。品牌经不起折腾，一不小心就可能永远无法翻身，而线下销售却可以让他进退自如。

艾华邦公司充分重视渠道的力量，推广渠道丰富而高端，如麦德龙、山姆等大型现购自运商场；全国各大城市的精品五星级酒店；高端礼品渠道；天猫、京东、苏宁易购等知名电子商务网站品牌自营店；华强北数码城专属店。

通过大半年的尝试，事实证明他的选择是正确的。2011 年至今，艾华邦公司一直是靠着四个人的团队在维持运营，2011 年销售额 200 多万元，2013 年 500 多万元，增长率约为 150%；单 2014 年 1—2 月，已盈利 150 多万元，而他们 2014 年的全年目标销售额是 1 500 万元，增长率约为 200%。

8. 艾华邦公司的营利模式

从上面的数字我们可联想到艾华邦公司的营利模式，那他们是如何操作的呢?

（1）通过终端销售、不经过任何代理商的方式直接向消费者展现产品，将中间环节的利润降到最低，并赋予产品更多的附加值，而消费者不需要对这些附加值额外进行买单。

（2）对品牌厂商客户进行理念灌输，收取二次授权费用。

（3）建立丰富的常客计划，积累足够多的用户群，与智能手机 App 结合，方便消费者体验更多的艺术文化，同时在线上购买更多的艺术衍生品，包括一些艺术衍生品的附加服务，如手机壁纸更换等。

（4）在各大酒店进行体验式销售，以“借用”的方式进行产品的推广，让更多的消费者了解艾华邦品牌，了解艺术衍生品。

四、深圳艾华邦艺术衍生品公司发展前景

艾华邦公司现在的成功离不开其小而精的团队：他们不仅对艺术授权业务非常熟悉，而且对印刷工艺、工业设计非常熟悉；他们是一支高素质有梦想的团队，他们尊重知识产权，对渠道的推广有独到的见解。对艺术衍生品的共识支撑着他们渡过一个个难关、不断发展壮大。

李宝焰保持产品高端化直至今天，使之不断创新，并发展私人定制，以更好地迎合礼品市场，开发新的艺术衍生品，把齐白石和吴冠中的画作更好地应用于自己的产品中。他稳稳地选择从手机周边产品做起，主打充电宝商品，继而开发手机外壳、蓝牙音箱等，扩充单品，把创新融入产品中。

展望未来，李宝焰若有所思地说：“我想稳稳地发展，不想一步登天，2014 年就是把销售额提高到预期的 1 500 万元，然后着手发展艺术衍生品体验馆。”说到艺术衍生品体验馆，李宝焰分析道，据考察，这一行业在台湾地区甚至国外业已成熟，但中国大陆除了几家雕塑馆之外，很少有公司涉及，对此，他似乎看到了无限光明，千难万险都阻挡不了一颗追逐梦想的心。我们期待着能够看到艾华邦公司更好的明天。

省省回头车，让物流变得简单

——广州德诺物流有限公司

随着市场经济的繁荣，特别是线上商业近年来的飞速发展，物流业成为一个新兴的行业，与每个人的生活息息相关。现代物流业发展至今，已走到行业转型与改革的十字路口，究竟哪种发展模式更适合物流业的发展？本文通过回顾广州德诺物流有限公司（以下简称德诺）的发展历程，比较当前物流行业普遍的运作模式（零担模式）与德诺研发的省省回头车平台（整车模式）之间的差异，揭示未来物流行业发展的规律和趋势。

一、引言

2013年11月15日晚，暨南大学管理学院EMBA首届“E战成名”商业模式大赛进入决赛。这场由暨南大学管理学院EMBA主办的赛事吸引了暨南大学EMBA历届校友和众多业界成功人士参与，经历了长达六个多月的筹备及评选，最终，来自2012级EMBA（3）班的广州德诺物流有限公司团队在决赛中赢得了本届商业模式大赛的第一名和最受欢迎奖。德诺这家拥有庞大的车队、强大的物流管理系统和跟踪系统、广阔的网络覆盖面的物流公司，经过8年的努力已经成为专注高附加值产品物流的龙头企业。广州德诺物流有限公司董事长刘凡军是一位只身从湖北南下广州创业的年轻企业家。

二、角色蜕变

20世纪90年代正是中国经济高速增长的时期，外资对中国经济的增长有着重要的影响。90年代中国的对外贸易表现出良好的发展势头。1994年海关统计的进出口总值为2 367亿美元，比1993年增长20.94%。其中出口总值1 210亿美元，增长31.87%；进口总值1 157亿美元，增长11.25%。实现贸易顺差53

亿美元。尤其是一般贸易出口增长迅猛，比 1993 年增幅高达 42.50%，总值 615.60 亿美元。实际创汇能力因此增强，国际收支状况明显改善。1994 年现汇收支盈余约 300 亿美元，外汇储备增加到 516 亿美元。在当时的背景下，大学里最热门的专业莫过于英语、进出口贸易等专业。1995 年，年轻的刘凡军就读的大学专业正是英语。毕业后他从事的第一份工作是进出口贸易。

有了几年进出口贸易工作经验的刘凡军决定只身南下创业，打算从事自己比较熟悉，也是非常热门的物流行业。于是在 2005 年，刘凡军建立了自己的第一家公司——J 行福物流。公司成立之初，刘凡军一个人先找项目再找人员，也有过在一栋楼里挨家挨户递名片的经历。

三、再度升级

当物流业这块蛋糕有越来越多的人来分时，刘凡军认为定位很关键，将市场细分，这样可以让自己的公司面临的竞争压力较小。同时，对服务行业来说，将服务做到极致，其实也是一种成功。据刘凡军观察，金融、通信等专用设备的物流需要的是高质量的服务。大公司往往无法提供个性化服务，而这正为他指明了发展方向，即差异化的定位，专注于高附加值的产品物流。

基于对物流市场的进一步了解与分析，刘凡军于 2008 年正式成立广州德诺物流有限公司。广州德诺物流有限公司是一家按国家 AAAA 级综合型物流企业标准组建的集公路普通货物运输、易碎品运输、大件运输、常温仓储、包装、配送、物流规划为一体的专业物流服务性企业。目前，德诺既有常规性物流业务，又拥有两种个性化物流业务：一是金融机具物流，二是通信产品物流。

金融机具物流就是我们生活中常见的自动柜员机（ATM）的运输和安装。德诺物流公司在这方面形成了品牌，不管是运输还是物理安装，都配备专用机械和专业人才。而大到网络设备，小到手机、充值卡等通信产品，其物流的突出特点是快捷性，4 小时便可送达。

与物流快捷性紧密相连的是层层覆盖的服务网络，德诺总部位于广东省广州市，但公司在全国各省会城市和二、三、四级城市都设有网点，形成了覆盖全国的服务网络，可按客户要求送货到市、县或村。全国范围内德诺正在使用的标准仓库总面积近 28 000 平方米，建立了基于 Internet 的物流信息管理系统和 OA 管理系统，为客户提供在线物流信息查询与追踪。这一细化的物流网络给人们的生活带来了极大的方便，以前消费者买彩电、冰箱等大型家电，必须在商店买好后自己扛回家，而现在只需下单，坐等收货即可，德诺会将商品直接送达，即使是在乡村也无须担心。

德诺相继为御银、德利多富、日立、光大银行、兴业银行、惠普、思科、IBM、中国移动、中国联通、中国电信等企业提供了优质的物流服务。

专注高附加值产品物流、注重细节的德诺在多年的服务中以专业性和诚信赢得了广大消费者的信赖，建立了良好的口碑，成为众多柜员机厂家、经销商、通信设备厂商、通信运营商、高端化妆品厂商的物流首选。

四、重新定位

专注成就未来，德诺培养了一支熟悉现代物流并具有丰富运作经验的员工队伍。目前，企业有员工 105 人，本科以上学历达到 31 人。据统计，公司 2011 年的送货及时率达到 99. 80%，货损率低于 0. 01%，远优于国内物流运输企业的平均水平。2011 年运输货物价值超过 200 亿元。在金融机具物流、通信产品物流方面享有盛誉，成绩杰出。

2012 年，刘凡军决定重回校园读书，到暨南大学就读 EMBA。他最想学到的是如何成为一位优秀的企业家。刘凡军是学英语而不是学管理出身的，他认为，企业不是用制度来赚取利润的，而是靠思想，用制度约束只能让人卖力，但用思想去管理却能让人卖命。大企业家其实是大思想家，需要学习具体经营管理方法的是那些职业经理人，作为企业最高管理层的老板更需要学习的是如何在一个好的行业中选一个对的人，将对的人放在对的位置上。他选择就读暨南大学 EMBA 既不是因为有熟悉的老师，也不是因为朋友的推荐。正如他做企业有着自己的定位一样，他通过网上了解后再与暨南大学接触，其 EMBA 的教学内容和教学方式都给他留下了不错的印象。在暨南大学读 EMBA 的第一年，刘凡军就觉得收获很大，不仅从老师那儿学到了很多知识，在与同学的交流中也得到了不少启示。他既在课堂上讨论了对自己公司未来发展的思考，又在平时举办的沙龙中提出了和自己公司相关的议题与大家一起交流。

五、二次创业

2013 年 6 月，中国科学院李海舰老师的《新战略管理》给刘凡军带来了很大的冲击，特别是李老师“战略就是上位解”的观点引起刘凡军深深的思考。2013 年德诺物流公司年营业额 3 000 万元左右，如何实现公司 5 年后年营业额达到 1 亿元、利润达到 1 500 万元的目标？客户都在压缩成本，降价压力大，专车配送的成本居高不下，如何降低配送成本？如何防止自己培养起来的配送渠道与竞争对手共享？是否一定要坚守对服务质量要求高的物流服务领域？这些都是摆在刘凡军面前亟须解决的问题。

通过与身边同学的交流，一个新的思路开始呈现在刘凡军的脑海中——朝第四方物流领域发力，建成公路运输领域最大的运力池。这就是在暨南大学 EMBA 首届“E 战成名”商业模式大赛中获得冠军的省省回头车项目。

回头车项目是第四方物流项目，主要为货主提供价格低廉的中短途公路运输车源。以回头车、顺路车作为主打产品，辅以订单管理、过程监控、位置管理和运费担保交易等服务，为货主提供物美价廉的智能化物流服务，为车主提供更多的回头货源，实现平台用户多赢局面。

中国的物流企业与欧洲的一样，规模普遍比美国的物流企业小很多。相对于美国的物流企业的重资产运作模式，中国的物流企业更多依赖于整合外部运作资源（独立车主）来承担运输工作。使用独立车主的车辆和司机，可以在车辆成本、激励司机效率方面有直接的收益，所以无论是欧洲还是中国市场，这种运作模式非常普遍。这就是为什么中国 90% 的运输公司不养车和司机的原因。

目前的困局是独立车主揽货能力有限，货源信息渠道不畅通，往返费用统一由单程货主承担，造成整个社会物流效率低下，成本过高。现在，随着智能手机的普及和网络成本的快速降低，使得回头车的信息可以随时随地发布到平台上，货主随时随地可以找到回头车运输。因此，物流管理的移动化和自助化已然成为现实。货主及车主可以通过 App 非常迅速和简单地进行运输计划、采购、交易、调度、监控、支付及办理运输保险的工作。

六、转型蜕变

工业化初期，经济对运输业的需求主要表现在量的增长上，要求企业迅速扩大运输能力，以满足较快增长的运输需求。当工业化发展到以机电工业及高新技术产业为主的阶段时，运输业开始进入一个完善的阶段，并达到一个较高的水平，对运输的可靠性和效率提出了更高的要求。当经济发展进入以信息技术、金融业、服务业等第三产业为主的时候，货物运输总量和周转总量不再大幅增长。这个阶段，虽然 GDP 还在增长，但公路货运量可能是零增长。由于我国经济发展不平衡，目前部分地区处于工业化初期，部分地区处于工业化中期，部分地区处于工业化后期。所以，未来相当长一段时间，我国作为“世界工厂”的局面将不会变化，对中短途运输需求会继续加大。

中国仓储协会秘书处和《物流技术与应用》杂志社共同完成的《第五次中国物流市场供需状况调查报告》表明：目前生产制造企业和商贸企业的中短途运输方式 95% 为公路运输，送货及时率约为 90%，平均货损率 2% 左右。货车返程空驶率在30%～50%。也就是说，如果在一条公路上有10台货车，那么就有3～5台是空车。如果你有货从广州发到深圳，你却不知道你身边就有一台从深圳送货来广州的货车刚好要回深圳。你只能请一台广州的货车按高昂的价格把货送到深圳，深圳的货车只能放空开回深圳，这是社会资源的极大浪费。所以这片市场大得令人无法想象。

目前中短途运输报价时是按“来回程油费+来回程路费+利润”这种方式来计算的。由于现在车主在目的地很难找到回程货源，导致回程空驶费用由去程货主承担。从政府到企业都明白货车回程空驶现象是一种极大的浪费，但由于以前技术有限，车源和货源分散，回程车源信息与货主信息无法对称，导致大家束手无策。省省回头车平台针对这一特点，特别开发了App移动应用终端，免费提供给货主和车主发布货源、车源的信息，所有货主和车主的手机都是实时信息采集器。这一平台让所有信息在系统上自动匹配，并特别设计了实名认证和免费担保交易环节，保证交易双方的货物和运费支付安全。

移动应用的出现，赋予了物流信息化这一话题新的生命。单纯用PC来传递物流信息的时代将一去不复返。移动应用将给物流商业模式带来巨大的创新与变革。

目前全球经济不景气，企业一般都通过压低成本以应对激烈的市场竞争。而随着油价不断上升，物价和人工费飞涨，物流行业基本无任何潜能可挖掘了。普通物流企业要想扩大营业额，只能互相压价，迎合货主的需求，从而进行低价竞争，导致服务水平难有保障。所以，如果能把全社会的回头空车利用起来，物流费用必然呈现下降趋势。没有加入平台的车主，会感觉到省省回头车会员给运价带来的压力，最后也只能迅速加入回头车平台，否则无法生存。

省省回头车平台上线后，随着车主和货主用户的增加，物流订单将向车主回归，那些靠信息“炒货”，没有自己车辆的轻资产型“炒货”企业或个人想要生存下去将变得越来越艰难。

七、商业模式的式样：多边平台式和免费增收模式相结合

1．平台运行流程

（1）货主利用PC端或App移动应用终端登录系统（以下简称App或App终端登录系统）发布货源信息等待车主联系，或者在回头车车源信息中搜索车源，主动联系车主完成交易。平台也会将符合要求的车源信息推送给货主。

（2）车主利用App终端登录系统发布回头车车源信息等待货主联系，或者在货源信息中搜索货源，主动联系货主完成交易。

（3）当车主与货主经电话沟通达成交易后，平台系统将为其生成一份订单。货主预付运费给平台，平台收到运费后通知车主出发装货。车主提货后前往目的地，货主利用平台的定位功能查询车辆行驶轨迹，车主到达目的地卸货，卸完货后收货人及车主提交交货信息，货主确认送达，平台支付70%的运费到车主账户，车主将签收原件单据寄给货主，货主收到后确认，平台将尾款打入车主账户。

2. 省省回头车的收费模式

（1）利用增值服务吸引免费车主会员转换成VIP付费会员，从而收取年费（预计初期占平台总收入的1%，随着车主会员数量的增加，转换率会更高，收入也会更高）。本平台除了提供免费自助服务外，还提供自动化服务，车主申请成为VIP会员后即可享受自动化服务和信息优先排名及推送服务。这个服务等同于淘宝的付费排名和阿里巴巴中国供应商的商机推荐，所以可以收取VIP会员的年费。

（2）向成功交易的车主收取少量佣金（预计占平台总收入的60%）。不向货主收费，但是每次会对成功交易的车主进行提佣，抽取定额佣金。经过对300个车主的抽样调查，车主完全能够接受这一收费标准。

3. 运费担保交易

运费担保交易，取得存量货币资金使用权和取现收费。对于货主而言，使用回头车时最大的担心是自己与车主不认识，担心货物送达后会不会出现货物遗失，所以在卸货后收货人确认货物无遗失前不愿意支付运费。对于车主而言，最大的担心是货物送达后，在还没有收到运费的情况下卸货，卸完货后货主不愿意支付运费。这里的矛盾就是货主要求先卸货再付运费，而车主要求收到运费才能卸货。这是目前对车主和货主进行调查后得到的结果。所以，两者在达成交易后，大部分货主和车主都倾向于使用平台的订单记录、运费担保交易和LBS位置管理服务。货主将运费支付到平台，然后平台通知车主收到运费，可以卸货，卸完货货主确认货物无误后，平台将运费支付给车主，由此诞生了这种运费担保交易服务。

4. 运输保险销售佣金（预计占平台总收入的39%）

保险公司可以在平台上提供货物运输保险及车险销售服务。由于平台交易量巨大且车辆众多，保险公司可以提供非常有竞争力的价格及销售代理佣金。

5. 广告收入（暂时无法估计）

车辆耗材供应商、保险公司、车身广告公司可以通过平台获得流量和资源。

6. 零担模式

目前平台的一个竞争对手是中短途公路零担物流公司，这是零担与整车的竞争。如果发货人是整车发货，那平台就不会与零担物流公司形成竞争。零担物流公司的操作流程如下图所示（以广州到深圳这条线路为例）：

零担模式

货主 A、B、C 分别雇一台货车将货物送到广州物流 D 公司仓库，或者由 D 公司分别派车前往三个货主仓库进行提货，D 公司攒够一大车货物后装车送往深圳。深圳的网点有可能是 D 公司自己的办事处，也有可能是深圳物流 E 公司代理物流 D 公司送货。E 公司接到货物后将同一个运输方向的货物装一车，然后分别送给 F、G、H 三个不同的收货人。这就是零担模式。

这种模式的优势是：①对于不经常发货的货主来说可省事、省心。②相对以往的物流模式来说，速度快，今天发货，明天或者后天就能送达。

7. 零担模式的缺陷和省省回头车的优势

（1）零担模式是多种不同的货物混装在一起，货损率、灭失率比较高。派送人员对于货损件漠不关心，如果收货人不愿意收，派送人员就把货物送回，不会再管其他事。这是发货人最不愿意看到的情况。而回头车平台基本是专车运输，从发货的货主仓库装货后直达收货人仓库，只有一次装车和一次卸车，货损率、灭失率几乎为零，而且这种中短途运输基本能做到当日达。

（2）零担模式费用高。单票货物派送费用最低 120 元，再加上发货时的提货费用，最低一次也要 200 元以上。以 10 立方米的货物为例，从广州发到深圳的费用最少要 820 元。

（3）零担模式中，如果货主购买保险，保险费率为 0.3%，10 万元的货物，保险费是 300 元。而且此保险是只保丢，不保损。就是说如果货物丢失，保险公司赔偿；如果货物被压烂或者出现变形，保险公司是不赔偿的。如果在回头车平台上购买保险，保险费只要 100 元，不仅保丢失，还保破损与变形。

（4）零担模式中物流过程无法监控。要想查询货物到了哪里，预计什么时候能送达，只能凭估计，无法准确得知。回头车平台上货主可以随时追踪司机所在位置。

（5）零担模式中签收单据不被重视，返回速度慢且经常丢失。签收单据是发货人与收货人交接的唯一凭证。如果丢失，收货人可以否认他收到了货物。在回头车平台上，车主在货物送达后第一时间将单据用手机拍照通过系统传输给发货人，纸质版签收单以快递的形式邮寄给发货人。只有在发货人确认收到签收单后，平台才将剩余的30%运费支付给车主。

平台另外一个可能的竞争对手是目前做长途车信息的网络平台。其参与者基本是物流信息员，他们每单货物需要向车主收取300~800元信息费。会员基本是省级长途运输的参与者。此平台很难实现向中短途运输平台的跨界，因为他们缺少中短途运输的车主和货主会员。

2010年全国适合中短途配送的轻卡总销量为196万台，占当年卡车总销量的52%。广州市目前用于中短途配送的轻卡保有量约为4万台，全省超过20万台，全国超过1 200万台。这些车辆的回程80%是空驶的，司机也希望找到回头货源，但是由于信息不对称，现在还无法实现。“省省回头车”这款软件就是为了满足这个需求而设计的，将货源和回头车车源聚集到回头车平台，通过移动应用让他们随时、随地沟通、交易、支付。海量信息由此得到匹配、疏通，使得回头车车源能以很低的价位为货主服务，在全国范围内让物流行业实现真正的节能、环保、节约。企业由此得到发展，股东由此获得利益。

省省回头车项目的创始人刘凡军来自物流行业，对行业需求十分了解。同时德诺在过去8年的发展中在物流行业已积累了大量人脉和资源。

目前物流行业的互联网企业，可提供全国车源、货源信息，小部分企业的服务模式是“网站+App”，大部分企业的服务则停留在网站留言板的阶段，用户体验非常差，聚集度低。他们的参与者基本是物流信息员，这些信息员每单货物需要向车主收取200~300元信息费，他们的会员基本是省级长途运输的参与者。

目前，全球市场上还没有像省省回头车这样专注于中短途配送市场，并对交易过程的介入如此深的物流平台。专业提供回头车信息的新西兰的www. backload4u. co. nz和英国的www. truckspace. co. uk也还是停留在留言板阶段。国内的物流信息网站www. 56135. com，www. chinawutong. com等也是如此。这些平台都没有会员实名注册与验证、移动应用、订单记录与管理、LBS位置管理、运费担保交易、签收单返回管理等。他们瞄准的市场也是省级长途运输市场。目前没有任何互联网企业像省省回头车这么专注中短途省内运输。

互联网行业的特性无法避免被模仿，但是，线上部分可以被模仿，而线下车源的推广方式则是对方无法模仿的。刘凡军坚信依靠德诺物流公司的积累可以迅速获得大量车源会员，这是其他模仿者无法做到的。

省省回头车项目在2014年5月正式运作，如今已完成A轮融资，相信刘凡军这位热爱物流行业且具有独特洞察力的企业家能再创辉煌！

名度网络公司

本文描述了名度网络公司创始人张喜春的创业历程、公司的商业模式及创业中遇到的问题，探讨了在日益成熟的市场经济体制下，创业者应该如何选择创业方向。

一、引言

2014 年 2 月，编者与名度网络公司总经理张喜春在广州环市路的一家茶餐厅相遇，谈起创业，他首先引用了网络上一段调侃的话：

1998 年，马化腾等 5 人凑了 50 万元创办腾讯，没买房；1999 年，丁磊用 50 万元创办 163 网易，没买房；1999 年，马云等 18 人凑了 50 万元，注册阿里巴巴，没买房……如果当年他们各用 50 万元买了房，现在可能连贷款都没还完。

自 20 世纪 90 年代以来，网络时代来临，不少人一夜暴富，塑造了不少激动人心的传奇，鼓舞了更多人投身网络创富大军，促进了中国互联网的蓬勃发展。名度网络公司总经理张喜春，也是其中的一员。

二、张喜春的个人经历

张喜春，出生于改革开放后的中国，是典型的“80 后”。他生长在中国东北，骨子里带着东北人的豪爽与激情。东北地区是我国的重工业基地，是国有和集体经济占主体的地区，世纪之交网络时代的浪潮对这里产生了巨大冲击。家境条件并不算富裕的他，在青春期里产生了对网络时代的一丝幻想。

2001 年，张喜春赴重庆读大学。在大学期间，他广泛参与社会实践，与社会各行业的频繁接触，让他内心渴求创业的种子萌芽生长。在校期间，他也发现自己对服装行业情有独钟，这对他后来创办名度网络公司产生了间接的影响。

2005 年，大学即将毕业的张喜春开始考虑自己的职业道路。而这一时期，正是中国房地产行业蓬勃发展的又一黄金时期。刚毕业的张喜春尚不具备自主创业的条件，于是他投身房地产行业，成为千千万万从事房地产相关行业的一员。

2009 年，积累了工作经验的张喜春以顾问身份进入重庆某房地产公司，为公司的发展出谋划策。他的建议得到了公司的重视，故迅速转变身份，成为公司项目的负责人之一。

2011 年，张喜春再次迎来一个新的转折，广东佛山的一家房地产公司向他抛出了“橄榄枝”。怀着心中的那一个梦想，他选择了离开打拼多年的重庆，来到了互联网经济更为发达的广东。在佛山的房地产公司，他作为副总经理，全面负责公司的营销，针对旗下的两个楼盘开展了形式多样的市场营销活动。这一年，他率领的销售团队取得了“开门红”。

2012 年，国家对房地产市场的调控政策已初见成效，尤其是在限购限贷的政策影响下，中国的房地产市场开始降温。房地产市场最辉煌的时代逐渐离去，不少房地产开发商纷纷将部分资金转投其他市场。这个时候的张喜春，也开始考虑自己的人生道路。2012 年 3 月，张喜春在广州参加了暨南大学 EMBA 入学考试，最终通过考试，成为暨南大学 EMBA 学生中的一员。由于在班集体活动中表现活跃，被选举为班长。通过暨南大学 EMBA 这个平台，他接触到了来自各行各业的同学，也见证了不少同学的华丽转型。那深掩的梦想，再度袭来。

三、名度网络的诞生

房地产行业出现的相对低谷，让张喜春产生了转型的念头。张喜春有两个想法，一是投身理想中的服装行业，二是进入互联网行业。

服装行业作为传统产业，一直长盛不衰。张喜春认为，衣食住行是现代人的基本生活需求，服装产业虽然经历了多年的发展，但面对人民日益提高的生活水平，这一产业在未来仍将有巨大的市场前景。但这一行业已发展得较为成熟，大小品牌不计其数，进入其中，必然面临激烈的市场竞争。若没有一个优秀的商业模式，将难以有所作为。

而互联网行业作为新兴产业，是一个创造奇迹的战场。虽然经历了十多年的高速发展，相对而言，仍处于发展初期，有很多能够大展拳脚的机会。但同样，这一行业也充满了竞争与挑战，在某些领域，已被某些大佬级的企业垄断。如何在这一行业有所作为，是一个值得思索的问题。

张喜春一开始是打算开一家服装实体店。但他深入市场调研后发现，在广州、佛山地区，开一家中等规模的服装店，从租门面、装修到铺货，再到招聘员工，需花费七八十万元。若想扩大影响力，打造品牌，采用自主开设连锁分店的形式，则成本更高。

同时，他也开始注意电子商务行业，向身边的同学和朋友了解了相关情况。在网络上开设店铺，将花费成本几千到几十万元不等，若同样投入七八十万元，不仅能保证网店开设的各项成本，还能在部分电商渠道上做一定程度的推广。

经过了解和对比，张喜春投身电子商务的决心日益坚定。而此时，他仍处于房地产公司的副总这一令很多人羡慕的岗位。当他把计划告诉身边的亲友时，几乎遭到了大家的一致反对。大家普遍认为，房地产行业仍将有发展前景，张喜春从事这个行业多年，此时放弃，从头再来，实属不智。甚至他的女朋友对他的想法也无法理解，两人因此不欢而散。

他人的不理解与反对并没有动摇张喜春的决心，他向公司提出了辞职申请，随后花了三个月的时间，找寻商业模式和创业方向。

是否像多数人一样，在淘宝网站开设一家服装网店，按照淘宝卖家攻略开始一步步攒好评、冲皇冠、做推广？这是风险较低的也是最普遍的商业模式。根据百度百科数据，截至 2013 年，淘宝网拥有近 5 亿的注册用户数，每天有超过 6 000万的固定访客，同时每天的在线商品数已经超过了 8 亿件，平均每分钟售出 4. 8 万件商品。截至 2011 年年底，淘宝网单日交易额峰值达到 43. 8 亿元，创造 270. 8 万个直接且充分的就业机会。随着淘宝网规模的扩大和用户数量的增加，淘宝也从单一的 C2C 网络集市变成了包括 C2C、团购、分销、拍卖等多种电子商务模式在内的综合性零售商圈，是世界范围内的电子商务交易平台之一。

不甘于平凡的张喜春并没有成为淘宝大军中的一员，他利用自己所学到的知识，研究国人的消费趋势，寻找另外一种商业模式。他敏锐地察觉到，在服装业如此发达的今天，许多人已经不局限于逛商场和逛网店，尤其是有一定消费能力的年轻人，商场或网店上的大众服装对他们的吸引力正在下降，他们对服装的个性化需求日益增加。

为了验证自己的想法，张喜春特地聘请了某市场咨询公司专门对此展开调查。调查主要集中在广州、深圳等一线城市，调查的对象主要是年龄在 25 ~ 35 岁的白领，调查最主要的内容是其个性化需求是否被满足。

经过半个月的调查，咨询公司给张喜春的总结报告显示：年龄在 25 ~ 35 岁的都市白领，个性化消费的意愿较明显，且目前市场上没有提供其充足的个性化消费方式，换而言之，他们的个性化需求没有被满足。

至此，张喜春坚定了心中的想法。他认为，来自国外的个性化品牌，以及设计感强的自主品牌女鞋网购有着巨大的市场空间和发展潜力。网络购物方式已经被接受，市场培育成本较低，此时是进入电商的好时机。

于是，2013 年 9 月，张喜春开始组建团队，在广州正式注册成立了名度网络公司。

名度网络并不同于一般的网络公司，它与各类网络公司的商业模式都有所区别。它将服装行业联系起来，但又不是简单的机械关联。在商业模式的创新方面，名度网络可谓开了先河。

四、名度网络的商业模式

2013 年 9 月，适逢暨南大学管理学院举办首届“E 战成名”商业模式大赛，张喜春携刚成立的名度网络公司团队参与这一赛事，并聘请管理学院谭跃教授担任指导教师。经过预赛、初赛直至决赛，名度网络公司团队不断汲取经验，完善自我，一路过关斩将，最后获得赛事第四名的成绩。

经过张喜春的探索及谭跃教授的指引，名度网络公司团队以“网络平台及体验店为载体，致力于打造轻时尚设计师品牌，最终成为设计师品牌发展推动者，为个性爱美族提供时尚所需”为理念，逐渐将商业模式的三个要素构建完成，即“独特的客户价值主张”“独擅的资源与能力”和“独享的营利模式”。

1. 客户价值主张

客户价值主张反映一个企业是否真正从客户需求出发，在为消费者提供价值方面独树一帜。

张喜春认为，名度网络公司有自己独特的客户价值主张。名度网络的目标客户是 25 ~ 35 岁的时尚女性，她们当中既有“都市进取族”，也有“自由 SOHO 族”，如何能够吸引这一目标消费群，名度网络从以下三个方面入手：

（1）个性化需求的满足。近十年来女鞋市场发展非常快，很多女性开始寻找特别的品牌，一群接受过高等教育和有独特思想的消费者正在成长，她们了解什么是生活品位，并不迷信国际大品牌和国内主流女鞋品牌。因此在女鞋行业，只有使用多品牌、多款式战略才能满足其个性化和善变的购鞋诉求。

与变化的市场需求相比，中国乃至整个亚洲的确都缺乏一个满足这种需求的平台。国内虽然有店铺林立的成熟女鞋市场，但每个商店的女鞋品牌都是耳熟能详的，个性化的小众品牌一直被市场忽视。张喜春认为，这正是名度网络最大的市场机遇所在。

（2）国外品牌的引入。据调查，将近有 75% 的消费者愿意选择国外品牌。目前中国女鞋市场上的国际品牌主要来源于意大利、法国、德国、美国等，但高昂的价格让它们在无形中失去了大量的潜在消费者。

与此同时，许多欧美的小众品牌因进入亚洲及中国市场而兴致勃勃。由于欧美市场趋于饱和，经济增速明显落后于以中国为代表的亚洲新兴市场，各种数据表明，亚洲消费者的消费力正日趋旺盛。但在缺乏对亚洲及中国市场的了解和人脉关系的情况下，预算有限的小众品牌要想开拓亚洲及中国市场有很大的难度。许多设计师缺乏零售知识，为了避免风险，在国外开店大多需要寻求当地的合作伙伴。

名度网络将会通过各类途径，与国外的新兴品牌建立起联系，并寻找合适的合作伙伴，将其产品引入中国市场。

（3）自主品牌的发展。乐淘于2012年5月推出5个自主品牌，上线一个半月，销售额突破500万元人民币。这说明，女性对于个性化、时尚的自主品牌是认可的。不少人由此认为，自主品牌创立公司在现阶段仍大有可为。

名度网络希望创造并抓住成长机会，广泛收拢新锐品牌设计师，定期推出新品牌，力求迅速扩大影响力，在成熟期拥有至少10个活跃品牌。

2. 资源与能力

独擅的资源与能力，是指企业在构建新商业模式的过程中，利用自身的独特资源和能力形成竞争门槛，避免新产品和业务迅速被复制，避免后来者轻松地模仿和超越。

网络是一个极容易被模仿的领域，公司的商业模式一经认可，势必会有竞争者跟进。对于构建竞争壁垒，张喜春在创业之初就开始进行筹划。

（1）夯实设计师品牌女鞋的市场地位。作为设计师品牌女鞋模式的开创者，势必会在女性消费者心中构建起第一印象，名度网络需投入营销资源来夯实这一地位。在所有的营销宣传中都需强调首创，从而使名度网络成为消费者的首选。

张喜春从着手筹建名度网络开始，打的就是速度牌。在互联网这一资金和技术门槛都不算高的行业，创意和品牌十分重要。为了避免被迅速复制带来的不利影响，第一印象的作用十分重要。

（2）设计师的培养和保留。名度网络公司专注设计师品牌女鞋，因此设计师品牌及设计师的获取和保留是取得竞争优势的关键因素。

①独家区域代理构建进入壁垒。对于欧美、大洋洲、亚洲等国家的设计师品牌，名度网络希望通过谈判获得中国内地、港澳台地区乃至亚太地区的销售代理权。对于港澳台地区的设计师品牌，通过谈判获得内地销售代理权，以此来阻止其他公司获得这些品牌的销售代理权。

②与优秀的设计师合作创立品牌。很多设计师都想自己当老板。针对设计师的这个特点，合作创立品牌是最好的招募方式。只要确定好分配方式，不但能得到优秀的设计师，而且能降低人力成本。创立品牌后的设计师就独家为四方街（名度网络公司旗下的网络社区平台）提供产品，名度网络希望最终能成为投资设计师的女鞋品牌公司。

③年轻设计师的培养。从知名高校招聘优秀学生进行实习，为学生提供必要的支持和合理的上升空间，最终实现合作推出品牌。在某种意义上，四方街能推动年轻设计师的快速成长，而这一批年轻设计师成长起来后，必将为名度网络带来良好的经济效益和社会效益。

（3）网站自身的强大吸引力。随着公司的发展和旗下网站影响力的增加，越来越多的设计师会慕名而来，已签约的设计师也会考虑公司的销售能力而不会离开。因为公司已成为一个大的平台，有强大的客户资源和营销能力，从而让设计师及公司代理的设计师品牌稳步发展。

在平台达到一定规模后，公司将会逐步开展更深入的消费者体验服务，以及更多类型的营销活动。争取在三年内，名度网络及旗下的四方街网络社区成为业内拥有较高知名度和美誉度的品牌。

3. 营利模式

关于营利模式，是张喜春思考甚多的问题。在他看来，名度网络是创新的商业模式与优秀电商模式的结合，可以保证企业盈利。

（1）首创设计师品牌女鞋网购体验。鉴于国内鞋品销售网站大多是打折、大众品牌销售的现实情况，首创以设计师品牌为主打的女鞋商业模式。通过独立的设计师品牌销售代理和设计师合作推出品牌相结合的方式，深耕女鞋细分市场，从而改变女性购鞋的消费习惯，致力于成为亚洲设计师品牌女鞋网购的权威。虽然这个过程需要不少的投入，一旦成功，其盈利点就不仅仅局限于产品本身，还可能带来广告、类金融等方面的收益。

（2）网站集女鞋销售、社区分享于一体。四方街专注于女鞋，目标客户群体非常清晰，因此容易建立起客户交流平台和社区。分享社区计划包括女鞋推荐、流行趋势、购买分享等板块。客户及潜在客户可以在里面进行购鞋交流，销售顾问、买手、设计师也参与其中，进行销售推荐和购鞋指导等，同时可以第一时间发掘客户的购买需求。

（3）网站销售与线下展示体验中心相结合的销售方式。随着订单的增加，区域消费群体会越来越明显。为了解决客户现实体验的需求，四方街将在消费者集中的区域设置体验中心。体验中心的功能主要是产品展示、试穿，并通过店内电脑在网上完成交易。每个区域或城市一般设置 1 个展示体验中心，特大城市可以设置 2 个。

体验中心也为四方街未来成熟的设计师品牌组合落地销售积累经验，这种店面很像百丽国际品牌 Belle 的 map 店，map 店集合了百丽国际自有及代理的全部品牌，满足女性消费者一站式购鞋需求。通过实地考察发现，map 店主要以减价产品为主，即有效地消化库存。张喜春认为这点可以借鉴。

（4）买手模式贯穿公司管理全过程。买手模式广泛地应用于快时尚服饰企业，如 ZARA、GAP、H&M 等，目前奢侈品牌也兴起买手模式。买手不是简单的商品购买者，而是将产品设计、生产、销售等环节联系起来的协调人。买手模式可以更好地做到以目标市场、消费者为中心，准确敏捷地满足市场需求。

在经营模式上，我们可以称四方街为设计师品牌女鞋的买手网站。买手既是独立设计师品牌成品的采购者，又是四方街签约设计师的经纪人，负责设计选择、联系厂家、打样、下单、质量管理等全部工作。基于买手模式，公司的组织架构也会按照此模式进行设置。

（5）其他优秀电商模式的借鉴。

①多品牌、多款式、小批量的产品策略。不论是线下的百丽国际，还是线上的乐淘等自主品牌电商，都是通过多品牌、多款式、小批量的产品策略获得成功的。四方街也借鉴这一产品策略，在创业初期，每个品牌不超过 10 个款式，每个款式销售数量不超过 500 双。根据销售情况调整销售数量，但原则上仍是小批量出售，卖完即止。限量模式有助于提高购买率以及培养客户黏性。

②定时销售策略。创业初期每周、产品丰富后每天定期推出设计师新品，每晚七点（根据客户的购买习惯确定准确时间）推出限量特惠（库存）产品。定时销售也利于培养客户黏性。

五、四方街网络社区平台

四方街（www. sifangstreet. com）是名度网络旗下最重要的网络社区平台，于 2013 年底正式上线。四方街社区作为新锐设计师品牌集成店，网罗了一批新锐设计师及其品牌产品，已初具规模。

四方街网站首页①

(1) 以“新”为先。

在创建四方街社区网站初期，张喜春及其带领的团队就在研究如何才能体现名度网络的宗旨和特色。

相对于服装鞋业实体店及商城以“季度”来界定品牌的更新换代，张喜春大胆提出：名度网络要以“周”来界定，刷新行业规则！

张喜春表示，消费者无论是逛实体店，还是网店，见得最多的广告促销就是“换季促销”“本季新款”等，对此，很多消费者已感到麻木。当然，这也是众多公司的实情：一件商品，从设计师出设计方案，经过公司论证，交由生产厂家打板，再调整，然后下单批量生产、包装、配送、批发，最后才到门店销售。这一过程，以“季度”来算，效率还算较高的。更有甚者，其订货周期长达一年乃至更长！这样，设计师迎合当前潮流而推出的设计，到了消费者手中，已显过时。

因此，由设计师直接面对消费者，大大缩减了中间环节，以“新”为先，让消费者能够第一时间从设计师手中获得最新最潮的产品，是名度网络及其四方街网络社区平台的出发点。

---

① 编者于 2014 年 4 月 2 日截取的四方街网站首页图。

（2）挖掘设计师背后的故事。

四方街社区让设计师直接面对消费者，但如何让消费者认可名度网络旗下的设计师，是摆在张喜春面前的又一个问题。

一般来说，能够吸引新消费者，留下老消费者，都需要足够的产品种类来支持。而名度网络处于创业期，加盟的设计师并不多，产品种类也有待完善。四方街在吸引新消费者的同时也需要挽留老消费者。经过深思熟虑，张喜春决定打感情牌。

经过与多位设计师的深入接触与交流，张喜春首先选择三位设计师作为第一阶段主推的对象。他们分别是：Pisisi Kin、Jenifer W. 和 Chris Heung，无一例外，这些设计师都有海外学习或工作的经历，也有其独特的生活或情感经历。他们所设计的作品，不可避免地带有其独特的风格——这不仅吸引着张喜春，也吸引着广大的消费者。

对于网站主打品牌设计师之一的 Pisisi Kin，四方街如是描述：

Kin 为其姓，随夫游走多国，关注现代女性的穿着习惯，推崇“去品牌标签化”运动，拒绝沦为品牌商业计划之下的奴隶。设计风格融合女性的妩媚、冷傲，略带复古等多种元素于一体，追求精致与完美。

在张喜春的计划中，四方街主动挖掘设计师背后的故事，主打情感牌除了赢得消费者外，也是赢得新设计师的重要举措。他希望通过分享设计师的故事，在推广产品的同时，也能吸引更多的新锐设计师加盟名度网络。

六、名度网络三年发展规划

在最初实际运作的半年，虽然名度网络的发展没有达到理想中的最佳状态，但张喜春仍然对名度网络充满了信心。为此，他制订了公司近三年的发展规划。

（1）以平台建设为依托，在线销售自主品牌产品。

名度网络首先建设好网上平台，重点打造四方街网络社区平台。通过各类营销活动，尽快吸引更多的消费者，形成规模效应，减缓经营压力。

由于名度主打的产品都是新锐设计师设计生产的自主品牌，一开始难以借助某些大品牌的力量进行宣传推广。用张喜春的话来说：“这方面，借力不上，我们就自己来!”

目前，四方街的宣传已进入全方位立体推广阶段，除网站自身外，运营团队已开通微信订阅号、新浪微博公众号等，借助近年来迅速发展的移动互联网，在各个群体中进行宣传推广。接下来，名度网络仍将在移动互联网推广上加大投入，力争迅速壮大客户群。

同时，利用大数据及云计算等手段，对登录网站以及购买产品的消费者进行分析，确保能第一时间掌握消费者的偏好与动态，使名度网络真正成为一个值得信赖与尊敬的平台。

（2）以流量和转换率为核心，吸引设计师加盟，合力打造设计师品牌。

网站流量和购买转换率是电子商务的核心。当网站流量和转换率增加到一定程度，这个网站将形成合力，更多的社会资源将会被聚集，产生电商的规模效应。

张喜春预测，当四方街日流量超过10万人次，购买转换率达到5%或以上时，四方街便在行业内具有了不可忽视的影响力。届时，将有更多的新锐设计师主动要求加盟名度网络，而那时的名度，也将拥有合作的主动权。

按照张喜春的想法，当名度拥有主动权后，仍将最大限度地优待设计师。因为他认为，设计师与名度，是合作共赢的关系。名度帮助设计师推广自主品牌获得利益，设计师凭借名度迅速成长。名度愿与设计师一起，合力打造设计师品牌。

（3）建立线下体验店，辅助设计师品牌产品销售。

线上与线下的关系如何协调？这是困扰很多传统企业电子商务化的一个现实问题。由于担心线上和线下业务相互干扰造成冲击，不少企业都尽量避免同产品的线上与线下竞争。

张喜春认为，名度网络的商业模式不存在这个问题。名度网络的重点毫无疑问是线上业务，线下体验店的建立只承担辅助线上销售的作用。简而言之，线下体验店只试不卖！

张喜春设想的线下体验店模式来源于电子产品的旗舰体验店经营模式，但这种模式在服装鞋类行业还没有先例，张喜春坦言，这也是他的一种尝试。

他理想中的线下体验店，并不直接售卖产品，只是一个展示产品的平台。同时，要求设计师分批进驻体验店，与消费者一起探讨各类话题。他希望通过线下体验店，达到两个目的：一是让消费者更好地认识名度网络，零距离接触自己喜爱的设计师；二是让设计师在这里与消费者进行无障碍交流，了解消费者贴身、贴心的需求。

按照计划，名度将于开业一周年之际，在广州天河区开设第一家线下体验店。若运营有成效，张喜春将考虑在广州开设3～5家线下体验店，并逐步向国内其他一线城市扩展，争取三年内，将北京、上海、深圳、重庆等地完全覆盖。

（4）以设计师进驻规模为基准，逐步实现设计师品牌分级运营，真正成为设计师经纪公司。

当公司发展到一定规模，吸引足够多的设计师加盟后，名度网络将依据设计师进驻的情况，逐步实现设计师品牌分级运营，真正成为设计师经纪公司。

按照此设想，公司用两年的时间，可吸引超过 50 名设计师加盟名度网络，进驻四方街网络社区。为此，名度网络一方面将会大力发掘优秀的海外新锐设计师，另一方面也将向国内艺术院校招收优秀毕业生进行重点培养。

三年后，设计师进驻力争达到 100 人的规模，并帮助其中的部分设计师打响其自主品牌。

在此基础上，名度网络将开始推行设计师品牌分级运营，由于设计师加盟名度采用的是买手模式，这就使名度网络有了更大的发展空间。可将众多设计师品牌分为数个等级，各个等级采用不同的策略进行运营。

如最优秀的设计师品牌产品（假定为一级品牌），除了四方街自身销售外，还将在国内和国际市场进行重点推广，资助设计师参加有影响力的国际大赛等，其产品可进行委托加工和国内外分销等。相对知名的品牌（假定为二级品牌），将会考虑授权其他经销商进行销售，既扩大了品牌的社会影响力，也使公司从中获取了部分收益。

张喜春相信，设计师与名度网络是相辅相成、共同发展的，设计师将会是名度网络最宝贵的资源。

梦想总是为有激情的人准备的，而困难也会为坚持梦想的人让道。期待有这么一天，在张喜春的带领下，名度网络能够一飞冲天，成为行业标杆，引领社会潮流。

渔道品牌营销之路

本文描述了渔道工作坊（简称渔道）的背景、企业成长历程及其营销策略，同时描述了休闲垂钓的市场环境，以及面对这样的市场状况及竞争对手，渔道所走的品牌营销之路。

一、引言

渔道工作坊的总负责人兼金牌教练老彭在办公室里摊开 2013 年的财务报表，仔细地看着这一年的订单，作为渔道品牌的创始人，老彭很欣慰。从 2011 年创立渔道开始，老彭凭着二十多年的钓鱼经验，结识了不少钓鱼爱好者，从一开始的自制鱼饵，参加钓鱼比赛，向钓友推介鱼饵、窝料，到现在的月平均销售量达到 10 吨，仅仅不到三年的时间，销售量直线上升，取得了不错的成绩。但 2013 年这年达到顶峰之后，渔道似乎遇到了瓶颈，销售量在 10 吨左右徘徊不前。老彭意识到休闲渔业市场之大，亟须更加有效的营销手段，才能把渔道这个品牌发扬光大。渔道的品牌营销之路在何方？老彭陷入了沉思中……

二、休闲渔业发展现状

1. 国外休闲渔业发展现状

休闲渔业 20 世纪 60 年代兴起于拉丁美洲加勒比海地区，以后逐渐扩展到欧美、亚太地区。20 世纪 90 年代初在经济较发达的西方国家得到了迅速发展。休闲渔业自 20 世纪 70 年代后，一直是众多发达国家渔业的重要组成部分。国际上以游钓业为主的休闲渔业十分发达，特别是在美国、澳大利亚、日本、加拿大、新西兰等国家。

美国：美国的休闲渔业产值为常规渔业产值的三倍以上。美国的休闲渔业在美国经济中占有重要地位，已成为其现代渔业的支柱产业。美国每年约有 3 520

万16岁以上的钓客，在休闲渔业上的花费达378亿美元。休闲渔业产生的直接和间接经济效益为1 084亿美元。早在19世纪初，美国大西洋沿岸地区就出现了以垂钓俱乐部为主的有别于商业渔业行为的垂钓组织。20世纪初，美国休闲渔业的形式单一，主要是一些当地的垂钓爱好者或垂钓俱乐部组织的娱乐活动。到20世纪50年代，随着经济的飞速发展，居民的休闲时间延长且收入增加，用于休闲娱乐目的的私家游艇大量涌现，为美国休闲渔业的高速发展奠定了基础。

澳大利亚：澳大利亚立法将休闲渔业定义为“通过任何方式得到鱼，除购买之外”。在澳大利亚的新南威尔士，休闲渔业所允许的钓鱼方式包括竿钓、鱼叉、手捉和用指定的网具捞鱼。用于钓鱼的鱼饵也被认为是休闲渔业的组成部分之一。

日本：据统计，1993年日本从事游钓的人数已经达到3 729万，占全国总人口的30%，而从事游钓导游业的人数达2.4万，其中90%是与渔业相关的兼职人员。游钓渔业的发展，极大地推动了日本渔村经济的发展，优化了日本的渔业产业结构。

2. 国内休闲渔业发展现状

目前我国大陆地区发展休闲渔业较早的区域主要集中在沿海地区，如上海、山东、福建、浙江、江苏及海南等地，这些区域利用其自身优势，率先开发休闲渔业，转变传统渔业的产业形式，将渔业与旅游结合起来，实为我国休闲渔业发展的先锋队伍，比较著名的例子有青岛小珠山的旅游开发研究、浙江舟山群岛休闲渔业的发展研究、大连市发展滨海休闲渔业的研究、连云港发展海洋渔业的研究、上海发展休闲渔业的研究、南麂列岛人工鱼礁的休闲渔业研究等，这些地区有一个共同特点就是沿海分布，这造就了其天然的优势。

在广东，休闲渔业的发展主要在珠江三角洲地区，而其中又以广州地区人数最多，专业钓鱼场也最多。近年来，休闲渔业广州地区以番禺发展最快，番禺属于水网地带，珠江的许多小支流从中流过，给渔场换水带来了极大的便利，所以水质最好。由于地理上的得天独厚，加上交通便利，钓鱼场因钓鱼者增加而快速发展，大有密集成市之势，成了钓鱼者的聚处。据初步统计，目前番禺每天有钓鱼者1 000人以上，并且在不断快速增长。

三、先驱品牌在中国

湖北老鬼鱼饵有限责任公司是中国的一家面向国际渔具市场的横向一体化集团公司。老鬼鱼饵公司以独特的经营方式在中国渔具界异军突起，从起初的单一鱼饵制造横向发展为现今的钓竿、钓线、钓钩、浮漂等渔具产品制造企业，迅速拥有多元化业务及多元化市场。

如今，老鬼鱼饵公司在中国市场的品牌先锋地位已经确立，其卓越的表现引人瞩目，在国内的渔具市场成了最佳典范。在巩固国内市场的同时，老鬼鱼饵公司已在积极开拓海外市场，以钓饵为主导产品，精心准备有序进入其他钓具产业领域，并将培训钓鱼人、传播钓鱼文化作为企业文化一直坚持下去。

四、渔道企业简介

1. 企业介绍

渔道工作坊是广州番禺一家专做鱼饵、窝料的加工型小企业。2011 年开始，渔道在不断的跃进中蜕变、茁壮成长，走专业化与市场化的道路。渔道以独特的营销手段在番禺鱼饵市场异军突起，从起初的生产小批量、单一的手工鱼饵产品的企业，发展为现今的拥有 30 多种鱼饵产品的企业，短短几年迅速拥有专业业务及多元化市场。

经过这几年的发展，渔道开拓创新，凭借其独有的窝料成型技术，成为番禺本土鱼饵产业的佼佼者。目前，渔道工作坊拥有一长期合作的生产加工商，其生产设备完善，生产量每月可达 1 000 吨，是渔道强有力的生产支柱。基于现有的市场需求以及公司自身的发展和长远规划，渔道计划在未来五年投资筹建一条属于自己的全自动化鱼饵生产线。

2. 成长历程及营销策略

（1）阶段一：创品牌。渔道创始人老彭是一名有着二十多年钓鱼经验的钓鱼爱好者，钓鱼经验十分丰富，经常参加各类钓鱼比赛，在业界享有一定名气。2011 年，对钓鱼有着精益求精的追求精神的老彭，在钓鱼的过程中觉得市场卖的鱼饵不是十分适用，于是自己不断尝试，不断调配一些饵料。他尝试过河虾、红虫、蚯蚓、地蚕、油葫芦、蛐蛐、蛆、玉米虫、蜂蛹和其他幼虫等活饵，但这些活饵往往非常难找，且其数量不能满足像老彭一样的钓鱼爱好者。因此老彭也尝试自己配制植物性鱼饵，例如玉米面加上白面，用沸水冲烫，边冲边搅拌，趁温热时掺入适量的酒曲粉，揉匀后放在干净的瓷罐中，密封好，保温发酵。一周左右有酒香溢出，这时候就可以装钩了。经过无数次的尝试和调配，老彭总结出一套适合珠江水系各种鱼类的鱼饵配方，同时，老彭也推荐给身边的钓友使用。老彭调制的饵料酒香气味浓、诱鱼效果好、制作简便、经济实用，深受钓鱼爱好者的青睐，从而需求量不断增加，于是老彭萌发了批量生产的念头，而这便是渔道创立的由来。

老彭由一名钓鱼爱好者转变为一位企业经营者，他找到了饲料生产加工商，按照配方进行批量加工、简单包装，以他二十多年积累的钓友这个庞大的客户关系网，促使渔道开始了品牌营销之路。

（2）阶段二：做特色。随着钓友群体的扩大，渔道得到了越来越多的关注，进而人们对渔道的要求越来越高。这种鱼饵发酵适中时放在冰箱里可以保存半个月左右，而且每次制作量不能太大，因为放久了会继续发酵，失去其香甜，上钩效果差。对于其存放周期及其有效期的要求急需老彭进行技术改进。

钓鱼过程中非常重要的一个步骤是诱鱼，诱鱼俗称“打窝”。钓不同的鱼，用的窝料是不一样的，一般鲤鱼、鲫鱼喜腥香，鲢鱼喜酸臭，草鱼喜甜，把窝料撒入水中半小时以后开始钓鱼最合适。而窝料使用的量相对鱼饵较大，因此，老彭把窝料作为渔道的主推产品。

2012 年，随着市场需求量的增加以及市场对技术要求的提高，渔道在商标标识、技术引进、销售策略规划等方面做了改进，开始从手工制作鱼饵向专业化生产转变。目前，渔道拥有全国唯一的窝料成型技术（抛撒后用水浸泡 2 小时仍保持原有的形状和硬度），这也是公司的核心竞争力所在。同时，渔道不断开发新产品，根据不同的季节、不同的水温、不同的鱼类等各方面因素配置不同类型的产品，开发出珠江水系四大家鱼的鱼饵引诱剂配方。目前，渔道正在针对湘江水系、洞庭水系、长江水系、黄河水系等的鱼种，研发适合开展钓鱼活动的鱼饵引诱剂配方。东莞、深圳部分窝料 5 ~8 元/包，凭其低廉的价格占据市场总量的 10% ~15%；渔道价钱 10 元/包，几乎占领了整个广州市场。

（3）阶段三：固品牌。据统计，目前全国钓鱼爱好者有近 500 万人，并且主要消费者从消费能力不强的离退休人员逐步向消费能力强的都市白领等高收入人群转移，主要表现是参加此项活动的拥有汽车的人群达到了 70%，并且从单纯消磨时间向竞技转变。这种情况极大地催生了助钓产品及服务的产业发展。

钓鱼爱好者的类型与特点

类型	离退休人员	有钱、有时间的中年人	青年白领
比例	10% ~20%	70% ~75%	10% ~15%
特点	消磨时间	休闲娱乐、竞技	休闲
消费力	一般，对价格较敏感	有消费力，对价格不敏感	一般，对价格稍敏感

针对消费者的需求，渔道以各种比赛作为营销契机，开展其品牌营销之路。2013 年，渔道成立了钓鱼俱乐部。老彭经常带着钓友参加钓鱼比赛，老彭娴熟的钓鱼技术成了渔道的活招牌，一方面通过比赛不断扩大老彭这位老牌教练的知名度；另一方面从各个钓鱼场所入手，采取了直接面对各个钓鱼场所的消费者，为各项比赛、钓鱼场所等免费赠送渔道鱼饵的策略。市场开拓到一定程度，便在

各钓鱼场所直接设立销售点。

体验营销是渔道常用的营销方式。渔道在进入市场时，面临形形色色的鱼饵品牌的激烈竞争和市场分割的局面，在已有的市场空间被瓜分，消费群体对其他品牌产生了一定的依赖性和忠诚度的情况下，采取了体验营销的策略，成功地登陆市场并占据了较高的市场份额。

目前，两项核心技术——窝料成型技术和珠江水系四大家鱼引诱剂技术，使渔道产品在广州地区保持了领先地位。目前，渔道销售趋于扁平化，其优点是保持了产品较高的毛利水平，在产品导入市场的前期，由于有直接销售点的存在，很好地解决了消费者产品使用的培训问题；其缺点是推广效率和销售规模提升的速度不快。目前鱼饵的销售模式基本上都由厂家直接到店，通常一个片区有 5 ~ 10 家门店。

（4）阶段四：品牌延伸与扩张。老彭认为，品牌具有强大的渗透力。渔道不能局限于单一鱼饵、窝料的销售，而应将其品牌进行扩张与延伸，例如，向消费者提供钓鱼技术的培训、钓具及助钓装备的整体解决方案等。

①筹建钓鱼培训学校与举办钓鱼大奖赛。钓鱼培训学校可普及钓鱼知识，传授钓鱼技术，免费向全国各地的渔具商开放，向渔具商传授营销管理理念、营销策略及钓具知识等。

②品牌可延伸至体育用品及钓具制造市场。

③建设文化休闲公园，进行钓鱼比赛、水上拓展休闲、鱼虾蟹养生美食基地，打造集休闲娱乐、观光度假、生态享受于一体的最佳场所。

④兴建全自动化的钓饵工厂，引进世界上先进的设备，组建全自动化生产线。公司目前拥有的是产品的配方，从减少固定投入的角度出发，可采取提供基料发外加工的模式。

今天，渔道在番禺市场的品牌地位已经确立，但在品牌延展方面还有待进一步加强。明天，老彭将以钓饵为主导产品，进入钓具产业领域，并将培训钓鱼人、传播钓鱼文化作为企业文化。

宇博电子商务产业园

——传统产业升级转型之路

2012年国家工业和信息化部发布了《电子商务“十二五”发展规划》，在这样的背景下，中国电子商务企业快速增加和成长，各地政府也大力支持电子商务产业园的建设。作为全国首批电子商务示范城市之一的汕头市，拥有纺织服装、工艺玩具、化工塑料等八大支柱产业和17个产业集群。2013年，依托澄海区雄厚的工艺玩具产业基础，经汕头市澄海区政府批准设立了汕头宇博电子商务产业园。本文旨在通过对宇博电子商务产业园发展历程的研究，对二、三线城市的电子商务产业园运营及传统产业转型升级提供具有实战参考价值的指导。

一、引言

淘宝、京东、亚马逊……在不少商业实体店发展徘徊之际，电子商务已成为全球发展势头最迅猛的产业。

“十一五”期间，我国电子商务保持了持续快速发展的良好态势，交易总额增长近2.5倍，2010年达到约4.5万亿元。电子商务发展的内生动力和创新能力日益增强，正在进入密集创新和快速扩张的新阶段。随着我国工业化、信息化、城镇化和市场化的深度发展，电子商务将迎来加速发展的战略机遇期。

经济转型升级对电子商务发展提出新要求。“十二五”时期，我国经济发展面临资源环境约束增强、产业结构不合理、投资和消费关系失衡等重大问题，亟待通过信息化与工业化的深度融合转变经济发展方式。电子商务是信息化和工业化有机融合的嫁接手段，经济拉动作用明显且符合“产业转型升级”的国家战略，而电商行业的发展也需要以园区的形式实现“以点带面，点面结合”。

电子商务产业园的建设热潮已席卷全国。目前，广州已启动或即将上马的电子商务集聚区将近十个，深圳已建有十多个电子商务产业园。而江苏的南京、苏州，四川的成都，陕西的西安等地的政府也在力造电子商务产业园。

区域经济转型升级大战开启，汕头宇博电子商务产业园的成功机会有多大呢？

二、企业介绍

宇博电子商务产业园成立于2013年1月，股东由国内知名上市公司创始人、汕头两大产业领军企业董事长、澄海地区工商联主席、汕头电商协会副会长、专业产业园运营专家等社会知名人士组成，由董事会授权以总裁胡瑛为主的经营团队进行园区运营和股东产品的电商运营。园区位于南海之滨的广东省汕头市澄海区莱美工业区全宇工业园内，交通便利，靠近金鸿公路，毗邻汕头海湾门户的东部城市经济带，未来该区域将成为汕头新城市中心区。产业园总规划3.6万平方米，首期运营面积1.2万平方米，项目投资3 000万元，由汕头市宇博电子商务有限公司全权运营。宇博电子商务产业园是粤东地区第一家以产业链为基础的孵化园区，其成立的目标是通过“产业聚集→产业转型升级→新产业集群”三个步骤最终形成以无疆域虚拟生产和渠道运营为核心的传统产业电子商务领域的利丰集团。

宇博电子商务产业园前期通过对主要股东的产品进行尝试运营和快速突破，实现自建渠道和外联渠道的整合布局，从而获得产品销量的提升。通过经营股东形成的连锁效应，加上引进外地和本地的电商运营团队，在澄海乃至汕头形成良好的电商运营氛围，吸引更多的企业和人才加盟，逐步将该模式从澄海渗透至潮阳、普宁、饶平、潮州等潮汕地区产业链比较集中的区域，形成大潮汕新产业集群合拢规模。

三、行业现状分析

我国电子商务产业园在各自的摸索发展中，形成了特色鲜明、优势互补、融合发展的新格局，以特色产业基地为支撑，探索专业化园区发展路径已经成为中国电子商务产业园发展的特点。现在全国已经有一些电子商务园区开始转型，深入细分领域进行发展，比如沈阳的电子商务园主要定位于借电子商务促老工业基地转型发展，江苏常熟的电子商务园主要定位于服装产业，浙江慈溪的电子商务园定位于小家电行业等。伴随着以特色产业基地为支撑的电子商务产业园发展的大趋势，各地方政府更加重视电子商务发展中公共服务平台的搭建，利用电子商务推动产业集群升级转型。基本模式是线上通过地方特色产业集群，入驻电子商务平台；线下建立地方产业集群电子商务的项目中心，提升当地产业集群企业利用电子商务平台开拓国内外市场的能力和水平。同时各地还充分发挥总部中心的信息、人才等优势，出台了许多相应的政策、措施，鼓励企业加快电商平台建设和业务转型，抢占新的制高点，为区域经济发展拓展战略空间。

但是目前国内多数电子商务产业园存在一些通病：整体谋划不够、定位不准，缺乏核心创意和对电子商务产业的战略性、前瞻性思考，盲目快速推进。很多号称针对传统产业的电商产业园，在产业园的网络化、智能化、信息整合及技术升级上无法提供完整的解决方案，无法形成一站式服务平台，对于传统产业的带动性不强，辐射面不广。所以，任何地区要想在下一轮竞争中占得先机而不受制于人，就不能局限于单个企业的培育和引进，而必须放眼整条电子商务产业链，跨区域联动，进行产业布局和人才集聚。否则，园区内部不能搭建完整的产业链，资源不能得到有效配置，就很容易沦为“吃政府补贴”“吃政策饭”的圈地项目。

四、宇博电子商务产业园发展现状

1. 区域现状分析

汕头在服装、玩具、化妆品等产业领域具有良好的基础，如潮阳、潮南是全国著名的内衣生产基地，这里产出的女性内衣占全国的 40%、家居服占全国的 80% 以上；而拥有“中国玩具礼品城”美誉的澄海，其玩具礼品产业产品 70% 以上出口到世界 140 个国家和地区，“全国首个玩具 3C 认证”“首个玩具驰名（著名）商标”“首家玩具上市公司”等荣誉均出自澄海。然而，多数制造企业，均陷入“会做不会销”的怪圈中。因此，依托澄海雄厚的产业基础，通过产业集聚来培育传统企业的“电子商务的基因”，并通过品牌建设和全营销体系构建，改造企业生产和管理流程，借助网络市场，在当今信息化高速发展的时代，打造一个全新理念和商业模式的电子商务产业园，有助于切实解决企业“无营销，无销量”的难题。

宇博电子商务产业园的运营启动标志着以全宇工业园为主的传统支柱产业业务模式正向着电子商务领域发展，为潮汕地区传统企业与互联网时代接轨、完成产业发展转型提供强有力的支持。

2. 宇博电子商务产业园的资源与能力

宇博电子商务产业园的成立源于汕头市澄海区 2013 年第一份政协提案，具有高度的政治意义，全区乃至全市对该项目的落成及正式运营，有着极高的期待并提供了诸多有利背书。

澄海是“中国玩具礼品城”和“中国工艺毛衫名城”，玩具业和针织毛衫业为其支柱产业。宇博电子商务产业园六大发起股东有着深厚的社会资源和人脉，同时企业拥有完整的产业链生产能力和供货能力，能快速验证商业模式的可行性和可操作性。

运营团队成员与中国五大电商平台——天猫、京东、当当、亚马逊、苏宁均有合作，也有较为不错的私交，目前已经实现在天猫、当当、苏宁及亚马逊等平台顺利签约及开店，并获得优质的推广资源。

3. 宇博电子商务产业园服务包

宇博电子商务产业园将逐步建设“宇博电子商务产业园”系列办公楼宇，为澄海区，乃至整个汕头市及粤东地区的传统产业链上下游企业提供产业转型升级的办公与活动场所，让“上下楼”成为“上下游”。园区作为汕头市澄海区支持电商产业发展的核心载体，负责部分电商扶持政策兑现，凡经认定为传统产业提供转型或升级的传统公司、互联网企业、创新项目企业，可享受政府和园区的专项扶持政策，优惠政策具体包括房租补贴、财政扶持等。

园区也与众多优质的第三方服务机构建立了长期的合作关系，为园区企业提供高质量、低成本的企业服务。

（1）电子商务作为广东省支持的战略性新型产业，各级政府可通过各种渠道为园区企业提供免费项目申报咨询与培训。

（2）与淘宝大学（阿里巴巴旗下网络营销培训机构）、各大高校、人才服务机构建立服务关系，为园区企业提供优惠的人力资源招聘服务。

（3）小微企业可申请免费两年内政府买单代理记账和税务代理服务。

（4）定期邀请相应机构负责人或政策拟定者为创业服务中心的创业者解读创业政策。

（5）为进驻园区的传统产业提供专业的营销推广服务及TP代运营服务。

（6）为创业者提供企业在发展期间将会涉及的各类行政问题、业务问题、金融问题等方面的咨询指导。

（7）园区配备宿舍、食堂以及物业服务中心，为入驻园区的商家及个人提供优质的后勤服务。

（8）为入园企业提供一站式的供应链解决方案，减少入园企业在仓储包装、物流配送方面的投入成本，提升货品流通速度。

（9）园区与汕头市工商局、各大行业协会进行密切合作，凡通过宇博电子商务产业园销售平台进行销售的产品，将由行业协会提供质量把关，出具相应证明，保证提供的产品均为澄海的优质特色产品。一旦产生投诉或纠纷，将由当地工商部门进行处理。

（10）为进驻园区的团队及个人提供稳定、高速、智能的20M专享光纤。

（11）为创业者提供各类软硬件支持、服务器托管、统一的ERP销售管理、仓储实时动态系统的维护与升级服务。

（12）举办汕头/粤东产业电商沙龙、论坛，为电商从业者搭建资源交流平台。

（13）以澄海区工商联主席为主的当地工商界巨头，将为创业青年个人及团队提供无抵押贷款担保，金额达5万~10万元人民币。园区的配套基金“宇博创投”也已开始运作，将积极推荐企业获得风险投资。

五、宇博电子商务产业园面临的问题

（1）扶持政策不到位。

作为区重点项目，宇博电子商务产业园无形中承担了政绩压力。所有领导都认为，园区一建成，以外来团队的经营能力和六大股东的号召力，就能迅速让园区的人气兴旺起来。然而实际情况是作为产业带的电子商务园区，对产业带的企业而言，最大的吸引力不在于减免房租或办公条件好，而在于有足够的仓储空间、快递性价比高、交流氛围足、能输送电商从业人才，以及拿到政府对电商企业的补贴。但是，这些入驻条件在短期内无法实现。因为园区的启动并没有按照正常科技园区建立的程序来进行，缺乏整体规划，没有对周边和市场进行深入的调查，除了食宿之外的其他配备，无法使有意进入园区的企业满意。而汕头市政府虽然出台了《汕头经济特区电子商务促进办法》，也有相关的执行细则，但是在扶持政策和税收方面流于空谈。在没有入驻企业、无法收取租金的情况下，产业资本总有花光的时候，“如何持续发展”这一问题迫在眉睫。

（2）股东与经营团队的分歧。

建园初期，经营团队和产业投资人的设想是先启动服装产业的上下游聚集，同时启动投资方天猫旗舰店的改造工作，通过对行业领头企业的改造成功效应，拉动整个行业的大企业加入。然而，由于经营团队与股东在产品选择、旗舰店改造方案等方面意见发生了分歧，导致服装产业投资人不愿意按照最早的约定将企业并入园区统一管理。此举大大影响了外部服装产业企业的信心，同时迫使经营团队选择了最不熟悉的玩具产业作为切入点，不熟悉产业，不了解产品特性，所有人都要重新学习，成本不断增加。这个改变直接导致原先拟定的战略战术失效。

（3）团队建设困难。

在团队建设上，宇博电子商务产业园除高管外，执行层都是高中、大专毕业生，基本都是“90后”，他们自我意识强，想法独特，但处事方式和执行能力欠佳。运营团队自总裁到总监，一开始并没有充分意识到这一点，依然采用以前在北上广外企或上市公司带领团队的方式，结果导致工作效果不理想，经常返工，而且经常需要高层加班亲自解决问题。

由于股东与经营团队的意见分歧，加上股东忙于各自的实体产业，园区经营一时陷入困局，经营层和执行层产生动摇，部分通过社会渠道招募进来的员工因此离职。

（4）前期招商阻碍重重。

园区招商前期目标为当地传统企业和小型创业团队，然而运营团队前期调研时忽略了当地企业均为生产型企业或贸易公司。生产型企业对入驻电商产业园有先天的抵触情绪，企业主均认为自己有足够的地理面积建设公司、厂区，随时可以监控员工动态。到产业园后，开支增加了，但不一定能收到实际效果。小型创业团队因园区地点远离市区和招聘困难而不愿入驻。

六、解决之道

此时，摆在园区经营负责人胡瑛面前的路只有两条：撤退或继续。撤退是最容易的，也能说得过去。然而，生性不服输的他选择了继续走下去。如果要继续走，首先需要厘清两件事情：如何把这个产业园办好？产业园要解决哪些人的哪些问题？答案很简单：产业园是聚合产业的地方，如果产业的上中下游都能聚合在一起，就可以形成聚合效应，推动产业的转型升级，最终形成新的产业集群。以此为目标，产业园的直接客户无非就是政府、入园企业、产业企业（含投资人）、渠道合作商。基于此，胡瑛做了一个关系梳理，得出以下结论（如图 1 所示）。

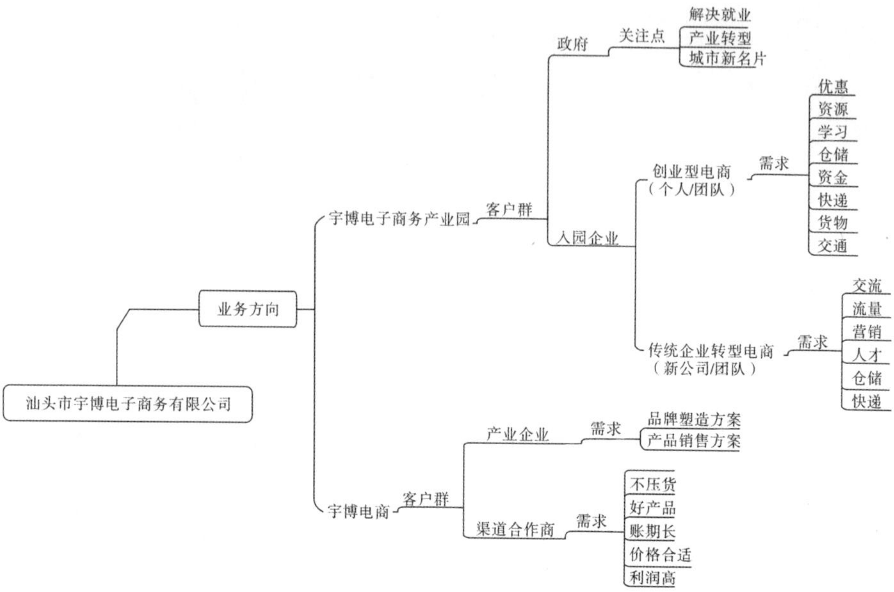

图 1　关系梳理

由图1可倒推出宇博电子商务产业园的战略（如图2所示）和执行要点（如图3所示）：

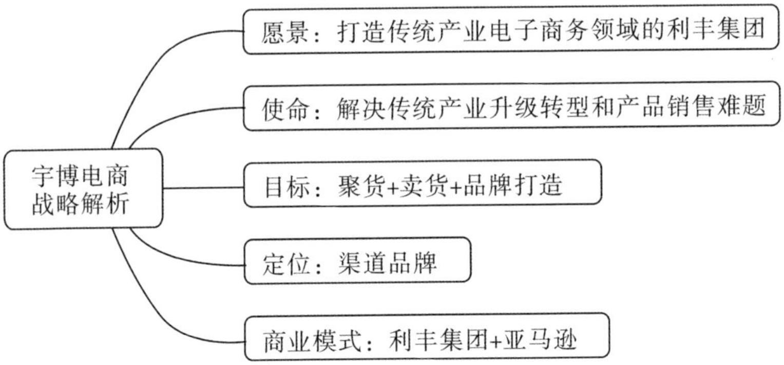

图2　宇博电子商务产业园战略

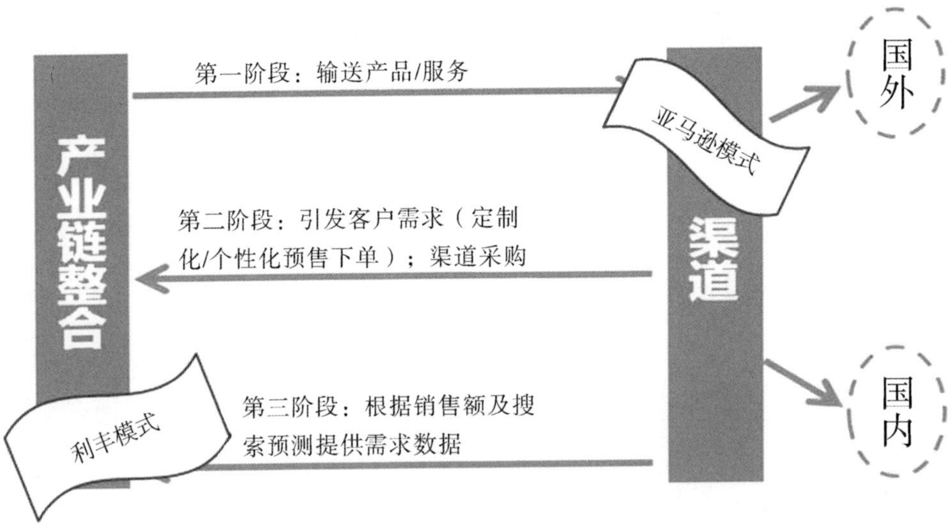

图3　宇博电子商务产业园执行要点

为了实现产业链的整合，势必需要体现园区价值。结合各方需求，胡瑛在资源缺乏的情况下，大力推动两个计划（提升投资人信宇天猫旗舰店的销量及举办青年电商创业大赛）的实施。

（1）树标杆，秀实力。胡瑛采用了“电商教练＋运营托管”的方式，引进首家入园企业——信宇科技，对电商运营不佳的旗舰店进行全方位的诊断。开始在产品、推广技巧、视觉营销、客服管控、团队培养和供应链管理等方面进行“边手把手带，边敲打”的方式，锤炼原来的运营团队。经过连续3个月的打磨，销售额实现了300%的增长。信宇天猫旗舰店的改造效果，既让投资人看到了希望，也在业内树立了口碑。

（2）建渠道，炼团队。在没有人气、缺乏良好氛围的情况下，宇博电子商务产业园创办了首届“广东电商　创业导航　宇博飞翔”青年电子商务创业大赛。通过团队募集、理论培训和实战PK三个环节，历时125天，建立了一批粤东地区有志创业的青年团队，通过“以战养人”的方式，建立了属于宇博电子商务产业园的电商分销渠道。80天的实战，让一群没有电商经验的人，成为一匹匹黑马，甚至创造了多笔日均过万元的销售纪录。参赛的团队，赛后多数成为宇博电子商务产业园的签约分销渠道商。最难得的是，在比赛过程中，通过前期的允许试错和充分授权，宇博电子商务产业园的内部团队也由原先的缺乏积极性和被动学习，逐步转变成合格的分销渠道管理者和园区服务者。大家的主观能动性被调动起来，主人翁意识也被激发出来。有一部分人员迅速成为团队小主管，开始承担管理工作。时至今日，宇博电子商务产业园分销渠道日均销量大增，高峰期日均可实现500单的佳绩。

（3）创三代，再创新。随着创业大赛的成功举办，宇博电子商务产业园除了获得分销渠道和证明模式是成立的以外，活动结束后，园区的招商工作也得以顺利进行（租金还调升至区域合理价位）。同时，创业大赛的实训模式被延展为“‘创三代’青年创富实训计划”，宇博电子商务产业园开始从粤东各大高职高专和职业技术学校招收实训生，在学生未毕业时就着手教授他们电商创业技能，以“授人以渔”取代“授人以鱼”，通过创业带动就业。

通过以上三个步骤，宇博电子商务产业园实现了战略转型，也寻找到了一条在倒逼供应链和实现产业转型的过程中解决销售渠道问题的路径。胡瑛认为，后互联网时代的竞争，无非就是以资源（产品），人（自媒体、渠道、社交），价格（性价比、口碑、激励），服务（附加值）为核心的竞争。其中，资源整合是一个关键点。通过对人、资源、口碑的有效整合，企业将实现利益最大化。胡瑛给宇博电子商务产业园提出的终极目标就是以精品推动和营造出极致的用户体验，从只赚钱的商业1.0时代，提升到创造用户价值的商业3.0时代，打造全新的互联网并联平台，实现创新思维的逆袭。

七、结语

宇博电子商务产业园的运营经验，证明了传统产业互联网化的可能性。传统企业转型，首先是思维的转型，其次是商务模式和产品的转型，最后是技术的提升。掌握未来的消费趋势和拥有自己的渠道等问题也已迫在眉睫，随着后互联网时代的冲击和城镇一体化进程再提速，电子商务产业园将逐步从收租金、“吃政策饭”的商业1.0时代，过渡或被强制转型到以打造产业生态，形成全方位、多维度，强调产业运营服务为主的3.0时代。

未来电子商务的形态，将明显带有个体化、个性化、移动化、口碑化、社群化的特点。可以肯定的是，未来属于既懂互联网商务，又懂传统商业的群体！

果爱鲜果切市场分析与展望

由于都市白领生活节奏日益加快，一种新兴的鲜果服务产业正在兴起，果爱正是结合这一市场背景，调研白领人群的水果消费习惯，并为之提供以鲜果切为主要产品的服务。本文通过对鲜果外卖这一行业进行市场分析，进一步寻找果爱当前面临的问题和挑战，以及对其未来发展进行展望。

一、企业概述

1. 企业发展理念及发展历程

广州果潼商贸有限公司（别称果爱）成立于2014年2月20日，是由一群有梦想、有激情、有追求的年轻人合伙创立的。目前企业已完成第一轮融资。

如今很多上班族因工作忙碌而忽视对鲜果的食用，这也是导致亚健康比例在白领人群中上升的一个重要原因。很多水果清洗处理的过程很麻烦，造成时间的浪费。而且，水果的食用搭配也很有学问，不恰当食用，会适得其反。果爱以新鲜、便捷、健康为主导，专注于水果的营养搭配，推出了多种果切产品，来满足不同客户的需求。

果爱是广州最早的专业提供鲜果切服务的公司之一，目前已经拥有专业的水果采购、挑选、清洗、制作、物流配送体系，致力于打造最新鲜、最丰富、最体贴、最便捷的鲜果切，为珠江新城及天河商圈的上班族白领、企业提供水果服务。果爱目前主要产品包括个人鲜果切月卡、企业鲜果切下午茶、商务果盘、精致礼盒、果篮等。

都市白领的生活是忙碌的，在上班的闲暇，若是来一盘精致而新鲜甜美的鲜果切，自有一番清风徐来的惬意感。果爱倡导一种轻松、健康、快乐的生活方式，有助于减轻快节奏的工作给都市人带来的身体及心理压力，在给客户带来美味可口的水果的同时，也带来了一份高端的生活品质。

2. 组织架构和团队介绍

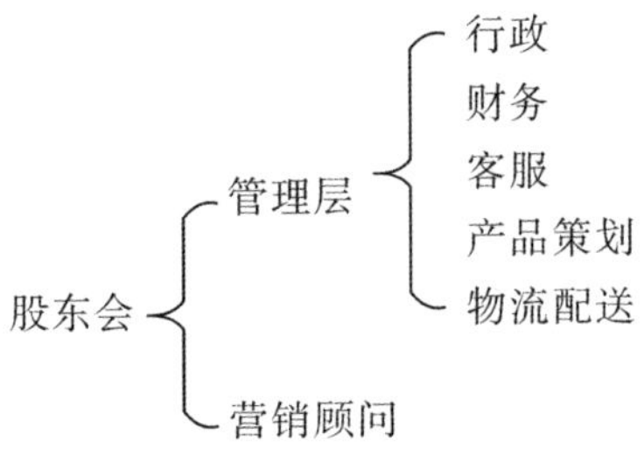

图 1　果爱的组织架构

果爱的管理模式为股东主权型，采用股东合伙制，共同管理，各司其职（具体情况如下表所示）。

果爱团队简介

姓名	职位	性别	年龄	学历	主要工作行业	曾任职务
谢婵	总经理	女	35	本科	教育、保险业	项目经理
顾峰	物流总监	男	34	大专	工业	艾志工业集团区域经理
黄美英	客服总监	女	31	大专	工业	艾志客服经理
屈巧	市场总监	女	30	本科	房地产业	
欧新民	水果切工	女	60	高中	餐饮业	
李泽	物流配送	男	26	本科		
陶平	物流配送	男	42	大专	物流业	物流主管
陈向	物流配送	男	26	大专		
玉柳燕	行政后台	女	19	中专		
乔立波	营销顾问	男	39	硕士研究生（EMBA）	商业	
丁继忠	营销顾问	男	32	硕士研究生（EMBA）	互联网	酷狗副总

2014 年 2 月 20 日果爱成立之初，股东为 4 人；至同年 5 月股东为 5 人；至 8 月股东为 6 人。果爱成立半年的时间，大家自我实现、追求成功的强烈的创业意识使公司克服了创业道路上的各种艰难险阻。

二、行业简介

1. 国内鲜果业

目前我国水果生产呈现面积稳中有增、产量稳步提高、特色水果发展提速和增收作用日益提升的良好局面，已成为区域经济发展的支柱产业、农民致富的主要途径、劳动力就业的重要渠道。随着人们生活水平的提高，水果在日常饮食中扮演着愈加重要的角色。近年来，水果消费在家庭总支出中所占的比例越来越高。但是水果的价格也越来越贵，让不少家庭望“果”兴叹。水果价格上涨的原因：①在农副产品涨价的前提下，受其价格居高不下的影响，产生联动效应的水涨船高。②苹果和香蕉等季节性很强的水果，常常在采摘后放入冷库，滞后销售。现在市场上销售的水果均来自冷库，冷库费用推高了成本，间接导致价格的升高。③油价、租金、人工成本逐年上涨，也是导致价格上涨的原因之一。④一些饮料厂家转向用鲜果榨汁，与销售商争夺货源，向产地果农发出商品紧俏的错误信号。

以鲜果消费为主的苹果、梨、柑橘、桃和葡萄等占我国水果产量的绝大多数，其他小品种水果不仅产量较少，品种结构也比较单一。从整个世界市场来看，虽然新鲜水果消费量很大，且在不断增长，但加工水果消费增长速度大大快于新鲜水果消费增长速度。我国生产的适合加工的水果品种较少，即使有一些适合加工的品种也由于加工技术落后、大批量生产的成本过高和质量问题严重，难以进入国际市场。因此，从品种结构上看，我国水果的国际竞争力较弱。无论是国际市场还是国内市场，消费者对鲜果的质量要求都越来越高，不仅要求果实营养价值高，外观好看，而且要求果实无污染，这就导致优质高档水果不仅价格高、销路好、经济效益高，国际竞争力也强。目前我国优果率不到总产量的10%，达到出口标准的高档果不足总产量的5%，而其他水果主要出口国的优果率高达70%，可供出口的高档果占总产量的50%左右。

所以如何为消费者提供物美价廉的优质水果是现今鲜果行业奋斗的目标，也是鲜果切行业顺利发展的重要基础。

2. 鲜果切行业

国际鲜切产品协会（IFPA）定义鲜切产品为“任何自身原来的形式已经发生改变但目前仍处于新鲜状态的水果或蔬菜”。鲜果切，又称轻加工水果、切割水果、调理水果，起源于20世纪50年代的美国，主要是为了满足消费者的即食需求。它是对新鲜水果进行分级、清洗、整理、去皮（去核）、切分、浸泡、包装等处理，并使产品保持生鲜状态的制品。消费者购买这类产品以后，无须做进一步的处理，可直接食用。鲜切水果以其新鲜、营养、方便、无公害等特点，受到欧洲、美国、日本等国家和地区消费者的喜爱。目前，鲜果切在美国每年有800亿美元的市场规模，涉及125亿美元的鲜切果蔬产业发展也如火如荼。

随着我国人民生活水平的不断提高及生活节奏的加快，鲜切水果产品将形成产业化的发展模式，具有潜在的发展前景。鲜切水果在国外已成为果品采后研究领域中的重要方向之一。近几年来，在国内的一线大城市，鲜果切也已经成为一种成熟的消费品了。由于鲜果切这一产品迅速兴起，国内一线城市出现了可提供此类服务的垂直类电商，这类电商依托电子商务平台，通过线上、线下运作。这些电商中有一些已迅速成长为专业的电子商务网站，如北京的“果酷网”、广州的“瓜吉瓜吉”、天津的“切客”、合肥的“俏果网”、深圳的“鲜果秀”等。但由于鲜切水果的保鲜时间较水果短，其服务的商业圈十分有限，主要集中在一线城市，服务对象主要是上班族，运营模式虽然容易被复制，但真正让这种消费理念推广还是一件比较困难的事。

作为现代果蔬流通的重要形式，我国轻加工果蔬产业进入了一个快速发展的阶段。果蔬轻加工的主要目的是方便人们食用，主要问题是果蔬更易变质，关键技术是保鲜措施。要采用先进的技术和方法来控制轻加工果蔬产品在加工过程中品质的不良变化，使其更好地保存营养成分、新鲜度以及口味。随着食品工业的发展，轻加工果蔬产品凭借其方便、卫生、新鲜等特点，必将受到国内广大消费者的欢迎，具有广阔的市场。

3. 果酷网的成功借鉴

果酷是国内领先的鲜果切定制服务电子商务品牌，创立于2010年，致力于创造新鲜、健康、时尚、便捷的鲜果切及鲜果购物体验。主营鲜果切定制、鲜果配送及下午茶定制服务。果酷网不仅拥有一支专业的鲜切技术研发团队，还拥有一支装备精良的电子商务技术团队，为鲜切产品和服务提供最优秀、最专业的支持。这家公司以“为白领健康做一份努力”为愿景，通过鲜果切定制、鲜果配送以及下午茶定制服务，打造出高端的品质，在相对短的时间内迅速为北京白领所接受，成为北京白领的下午茶首选，同时也成了“办公室时尚健康计划”的代名词。果酷于2014年还推出了针对个人服务的子品牌“爱切”，该品牌致力于传播新鲜健康的生活方式，提供最健康的天然无添加产品，陆续推出了手造果酱、手工冰棒等一系列产品，并且在北京拓展了两家体验店。

每一份果酷产品都能给用户带来最新鲜、最原始的水果口感和芳香。果酷认为，只有最原始的新鲜水果，才能提供最充沛的营养和活力，这样做，不只是为了健康，更是尊重每一份精心挑选的新鲜水果的体现。果酷只用了三年时间，就将不起眼的生意做成了千万级的规模，而创始人贾冉希望通过加盟的方式，尽快实现亿级规模。果酷网的成功无疑给果爱提供了不少借鉴，主要有以下几点：

（1）城市定位要准。目前，鲜果切行业主要在人口密集的一线城市发展，因为果切的保质时间比鲜果的保质时间还要短，这就要有强大的客户源作为保障。不然，就算资金、冷链、物流都能跟上，如果没有一个稳定的大市场作为依托，企业发展仍将存在不稳定性。果酷依托的就是北京市场，果爱依托的是广州市场，在城市的定位上，二者有相同的区位优势。

（2）运营模式要清晰。果酷网最初的盈利方式是与大型公司签订合同，每天都有固定的鲜果切生意，以保证收支平衡。就算有个人下订单，只要达到配送要求，都会给予配送。因为这些个别、零散的订单，也有可能发展成为团体的订单，要先提高知名度，树立好口碑，好东西自然会口口相传。客户是一个带一个拉动起来的。圈子里有了口碑，“窗口”就会慢慢打开。腾讯、优酷、搜狐……一家家知名企业加入果酷客户名单，目前果爱也在朝着这个方向努力，而且对于个体散客有专门的鲜果切月卡等。

（3）线上的运作以及产品的宣传非常重要。传统的宣传方式不外乎打广告、派传单、做商业活动，果酷也曾经用过派传单的方式在地铁口等人流量大的地方进行宣传。由于移动互联网的发展，人们习惯用手机办理各种事务，尤其是外卖，手机不仅可以准确定位，还可以很快捷地搜索周边的商铺，这就需要公司做好线上的宣传。果酷网现在有自己的网站，并与其他平台合作，一方面宣传了自己，另一方面也方便了客户购买产品，推动自身发展。果爱除了依靠自己的微信和网站平台外，也正在与其他平台合作，比如大众点评网上就有果爱的果切团购。

（4）价格政策十分重要。果酷网的价格是比较亲民的，开始时经常导致公司入不敷出，甚至有一段时间一盒水果的盈利只有几毛钱，但果酷还是坚持做下去了，最终赢得了市场。目前果爱的价格与市场价格统一，并经常会在写字楼、商业区开展各种优惠活动，优惠价格远远低于市场价。

（5）水果本身的质量是“硬件”。水果好吃、健康，消费者才会买账。果酷对于腐烂或部分腐烂的水果从来不会切除局部再进行销售，而是严格把好质量关，把绿色健康当成一种追求。果爱的水果是精心挑选，恒温保鲜，这方面要努力寻找更好的技术支持。

（6）数据统计十分重要。现在我们正处在大数据时代，很多信息都可以通过数据分析得到。果酷创始人贾冉的专业就是数据分析方向的。在贾冉的工作电脑里，有一个要运行5分钟才能完全打开的庞大的数据文件，里面记录着三年多来的每一笔生意、每一种水果价格、每一次客户反馈。在数据库的基础上，一次次编码、一次次改程序，前后经过一年时间的反复调试，贾冉才在网站上线了自己研发的后台管理系统。

三、果爱的市场分析

1. 果爱的优势分析

果爱的服务区域为珠江新城及天河商圈，广州珠江新城位居天河、越秀及海珠三区的交界处，商建面积约450万平方米，可容纳17万~18万居住人口，提供约30万个就业岗位，是广州21世纪的“城市客厅”和核心商务区。这里聚集了大量都市白领、上班族，他们平时工作十分忙碌，同时也追求健康、高品质生活，因此有可能成为果爱的目标客户。

果爱有特定的客户群发展目标。经过一些市场调查后，果爱把客户群体锁定在了广州珠江新城上班族，以及天河商圈一带的上班族。产品核心是为整个珠江新城及天河商圈上班族、企业提供果切服务。主要产品包括个人鲜果切月卡、企业鲜果切下午茶、商务果盘、精致礼盒、果篮等。

前期，果爱在珠江新城连续做了6个多月的现场促销活动，扫微信送水果，通过活动发现什么对客户来说是有意义的，即对客户真实需求进行深入了解，掌握了珠江新城上班族对水果的需求特点：让他们方便地吃到多品种的水果，从而避免因为水果清洗的繁杂工作造成额外的时间浪费，以及水果食用的不合理而导致不能实现营养价值最大化。果爱专注于水果的营养搭配，以新鲜、便捷、健康为主导发展方向，推出了众多果切产品，以满足不同的客户需求。同时，果爱也做出承诺，凡是售出的水果出现品质问题，一律包换，在无形当中为客户提供了一道保险，绝不会让客户受到任何损失。

果爱6名股东来自不同行业，涉及金融、工业、网络、房地产等。对于水果这个陌生领域，大家全部从零开始。但果爱股东不断提高自身的决策能力、经营管理能力、专业技术能力与交往协调能力，充分利用现有资源，发挥自己的主观能动性，扬长避短。相信在果爱所有员工的共同努力下，果爱股东一定能实现自己的创业梦想，让人人每天吃上一盘鲜果切，健康美丽常相伴。

2. 果爱面临的挑战

珠江新城水果店

图 2　珠江新城水果店分布

（1）来自其他水果店的竞争压力。在珠江新城约有 12 家水果店，其中大部分都是传统的水果店，并没有水果外送服务。但如果外送服务一兴起，这种模式很容易被复制，所有水果店在原来基础上发展水果外送，可能会更有优势。所以果爱一定要在被复制之前率先打入市场，建立好自己的口碑并培养消费者的消费习惯。目前，确定有水果外送服务的是花城大道的“瓜吉瓜吉”。瓜吉瓜吉是广州瓜吉食品贸易有限公司旗下的电商平台，主营鲜果切、鲜榨果汁及高档水果礼盒，专门为企事业单位、学校、医院、公共服务中心提供一站式水果配送服务。但是从美团网的销售量来看，其销售情况并不理想。这提供给我们两个信息，一是水果鲜切服务市场在这一带并没有被完全打开；二是如何吸取经验、赢得市场是企业面临的一个挑战。

（2）如何制定价格政策。鲜果切是对水果的轻加工，在冷藏、人工、物流方面都有消耗，所以与直接买新鲜水果相比，果切的价格肯定是偏高的。其实大部分白领并不是忙到没有时间洗水果，因此，个人的订单肯定不是果切发展的重点，重点是与企业合作，团体或企业才是目标客户。

（3）鲜切分类要做好。现在人们生活越来越讲究品质，之所以发展鲜切水果，其独特意义来源于专业。每一个水果拼盘都有其独特的功用。水果一般受女性欢迎，而女性最看重的是其美容、养颜、瘦身等功效。就上班族而言，他们看重水果的明目、降火、去湿等功用。所以，鲜果切卖的不仅仅是一个果盘，更是一份用心和体贴。

（4）产品的独一无二。果爱目前推出的产品有个人鲜果切月卡、企业鲜果切下午茶、商务果盘、精致礼盒、果篮等。这些产品是很多鲜切水果店都有的，做好产品是让消费者认可的最关键的一步，所以需要在产品上多花心思。如每天都有特色水果推出，突出新意，还需要既漂亮又可食用的水果花束。然而，水果花束技术含量较高，要把水果雕刻成花再卖，由于成本高，操作难度大，只能作为高端预订产品。

机遇与挑战并存，要发展一个刚兴起的产业，最重要的是占领市场，培养客户的消费习惯。想在信息与互联网的时代洪流中迎头前进，必须要有详细而清晰的思路。

广州乾元和制衣企业品牌转型

本文回顾了乾元和公司的发展历程，介绍了其管理现状、业务类型和市场定位，并进一步分析了乾元和的品牌定位和市场竞争策略，探讨在内外交困的市场竞争中，乾元和公司是如何成功转型，如何调整销售策略、扩大品牌的知名度的。

一、引言

自20世纪80年代以来，中国改革开放的前沿阵地——广州增城新塘镇聚集了一大批服装制造业企业，这些企业利用廉价的劳动力，通过代理加工世界各地服装品牌，在经济形势上扬之时赚取了不小的财富。目前，新塘镇已成为全国闻名的“牛仔之乡”，是牛仔服装的重要出产地，拥有牛仔服装类企业2 600多家，从业人员近10万人。中国出口的牛仔服装中每100件就有60多件来自新塘，每年有超过2亿件的牛仔服装从新塘镇销往全球，新塘镇是我国最大的牛仔服装产业基地。

本文研究的企业——广州乾元和制衣有限公司（以下简称乾元和）就是上述新塘牛仔服装制造业中的一个优秀企业。乾元和创立于2006年8月，创立之初企业就选择了一个较高的起点——为欧美中高端品牌做代工，这和乾元和在创业初期就非常注重服装质量和消费者体验不无关系。公司高层经常讨论起自己公司的核心能力，还把类似“究竟我们公司为销货商提供了什么”的问题交给员工思考，结果有一个词逐渐变成了最集中的表达，那就是“柔软”。

二、乾元和发展概况

1. 乾元和发展历程

广州乾元和制衣有限公司成立于2006年8月，注册资金50万元人民币，位于广州增城太平洋工业区。公司成立之初，员工只有70人。当时以做全加工为主，赚取极少的利润。

2007年1月，乾元和开始转型，主要开展俄罗斯、乌克兰地区的贸易业务。当年业务量有所上升，年营业额为5 000万元。

2009年6月，因公司业务扩大，乾元和搬迁到现址——增城塘美工业区新塘镇塘美村富岭地段，并拥有了独立的样板开发室、展厅等。

2010至2012年，乾元和公司的业务规模发展为年产150万件牛仔服装，年营业额1.5亿元，纳税500万元。

2013年开始至今，公司逐步转型做内销和发展自有品牌。为国内品牌乔丹、海澜之家等设计、加工牛仔服装，其自有品牌QRH主要在网上销售。乾元和现拥有员工600余名，固定资产2 000万元，年产值3亿元，每年纳税800万元。

2. 乾元和管理现状

截至2015年5月，乾元和的车间面积占地2万平方米，公司员工512人，其中车间一线员工约为430人。作为一个生产型企业，乾元和的车间部门是公司的主体。乾元和的组织架构如下图所示：

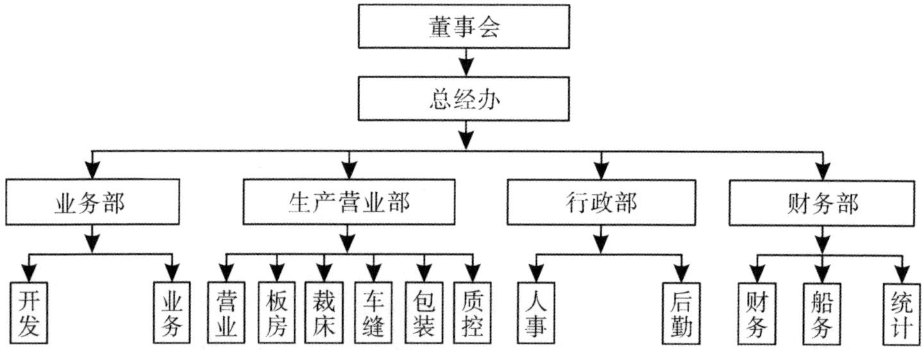

广州乾元和制衣有限公司组织架构

乾元和制衣管理团队核心成员共5人，年龄分布在31～41岁，学历均在大专及以上。

表 1　乾元和制衣核心团队成员背景

姓名	职位	性别	年龄	学历
沈贤望	总经理	男	41 岁	本科
谢林	经理	男	31 岁	大专
吴桂培	运营主管	男	32 岁	本科
陈德发	设计主管	男	35 岁	大专
刘玉平	营销顾问	男	31 岁	研究生

3. 乾元和主要业务类型

乾元和作为一个优秀的代工企业，因选择使用高端的四面弹面料，关注顾客的着装体验，获得了众多欧美高端品牌的青睐。经公司代工生产及贴牌出口贸易的欧美品牌有 Take Two、Indian Rose、PHARD、GAUDI、GUESS、Kenneth Cole、YESSICA 等著名品牌，产品包括牛仔裤、牛仔上衣、牛仔短裙、手提包等。

有生产能力却没有更大的消费者市场的影响力成为公司最苦恼的问题，面对广东经济发展转型的迫切需要，乾元和决心面向国内市场，利用利己的核心能力，培育自己的品牌。

经过多年的发展，乾元和掌握了先进的洗水技术，并不断追求柔软、舒适的牛仔服装品质。公司车间面积 2 万平方米，衣车 600 多台，员工宿舍 4 000 平方米，公司下设开发、板房、裁床、包装、后勤等部门。

在向海外中高端牛仔服装市场提供优质产品的同时，乾元和也致力于品牌和营销体系的建立，已在线上开设官方旗舰店，推出了自主服装品牌 Quick Run Horse（QRH）。

由于外销压力、原材料价格上涨、工资水平不断上升等原因，一直从事贴牌生产的乾元和的利润率从 2007 年的 10% 降为 2011 年的 6%，出口的利润空间越来越小。虽然有很多厂商做中低端的产品，追求薄利多销，但乾元和始终关注中高端的牛仔市场，好的产品质量是乾元和始终如一做高端牛仔裤的坚强后盾。面对代工出口利润空间缩减，乾元和计划加快自主品牌建设的步伐，制定了在 5 年内达到线上日销 100 件的目标，并拟在上海的繁华地段建体验店。

4. QRH 市场定位

QRH 是一个面向年轻女性的品牌，与其他牛仔裤的不同之处在于其专注于柔软的纯白牛仔裤。牛仔裤采用高密度棉纱制成的牛仔棉布，这种棉布不仅手感舒适，更重要的是经得起繁杂的洗水工艺，可做出真正柔软舒适的牛仔裤。洗水是牛仔裤的灵魂，要把牛仔布洗到如棉布一样柔软，需要经过复杂的洗水工艺，并且在洗水的过程中进行更加细致的处理，以避免过度洗水对牛仔布造成损害。白色，一直是其他牛仔裤厂家尽力避免的颜色，因为白色在漂染的过程中极易被污染，少量的灰尘都会对牛仔裤造成毁灭性的打击。因此，牛仔裤的生产车间使用高标准的除尘技术，以近乎医疗级的除尘标准，确保牛仔裤在生产过程中不会被污染，让每一条牛仔裤都保持纯洁的白色。正是这样一丝不苟的精神、高标准要求，最终打造出专属于QRH的纯白柔软牛仔裤，也使得乾元和在新塘工业区成为牛仔裤生产龙头企业。

QRH主要定位于城市中中高收入的职业女性群体，如白领、律师、公务员等。女性消费者在购买产品的时候，更加注重该产品的个性元素，并且价格越高的产品，对个性元素的需求越突出。中高端的女性消费者会更加注重产品的设计和情感元素，同时也会考虑产品的实用性和细节设计。

女性消费者是良好的传播者，有较强的传播能力、表达能力和感染力，善于说服、劝告、传话、影响周边消费者的购买行为。反之，女性消费者也容易受到身边群体的影响，极易受朋友的影响做出购买决定。女性消费者担任传播者和接受者两种角色，因此，乾元和管理者认为，口碑传播会比一般的广告传播获得更加突出的效果。

三、牛仔服装市场及人群分析

1. 传统服装市场及人群分析

国内服装行业品牌化发展起步较晚，其中大部分品牌创立于20世纪90年代，而国外服装品牌也是那个时期进入中国的。进入21世纪后，随着高等教育的发展和就业机会的增多，大众的消费习惯逐步发生改变，白领人数逐渐增加，从而享有更大的经济独立性和消费选择权，而服装专卖店渠道的兴起则使服装行业进入了快速发展期。

服装行业具有“多”“小”“散”“低”四大特点，我国服装市场中品牌数量多，但大部分服装企业市场规模较小，龙头企业市场份额优势不明显，因此呈现“多”和“小”的特点。由于我国地域辽阔、风俗迥异，不同地区的消费群体有着不同的服饰偏好和需求，这也决定了服装多变、风格多样和周期短的特点，即所谓的“散”。“低”则指的是服装行业集中度低，2011年前十大服装品牌市场占有率为27.6%。

按照产品价格的不同，大致可以将服装分为奢侈、高端、大众中端、草根低端四个档次，如表2所示。

表 2　传统服装按产品价格细分市场

市场细分	价位	品牌举例	产品特征
奢侈	10 000 元以上	Channel、Dior、Burberry、Gucci 等	设计时尚，高档面料与完美工艺的结合
高端	1 000～9 999 元	宝姿、玛丝菲尔、朗姿、Max Mara 等	设计前沿，款式追随国际一线奢侈品牌
大众中端	300～999 元	ZARA、H&M、欧时力、歌莉娅、秋水伊人、Vero Moda、ONLY、衣恋等	设计紧随潮流
草根低端	300 元以下	以淘宝上的小品牌为主	不讲究面料和工艺，款式设计以模仿为主

奢侈服装主要针对精英阶层，强调品牌的文化、历史，客户忠诚度高。高端服装针对社会高收入者和白领，充分展现了时尚与个性。这两类消费人群占总人数的0.61%，消费量却占总消费量的3%，主要包括外企工作人员、演艺界名人、个体经营者、企业家、涉外机构高级人员、金融界人士等。大众中端服装针对中产阶级，他们追求时尚，但也关注价格。这类人群占城市人口的60%和农村人口的20%，主要包括城市中的工薪阶层和农村的富裕户。草根低端服装主要针对中低收入者，主打性价比，薄利多销。其消费人群主要是城镇中的低收入者、失业人员以及农村主要人口，在城镇人口中约占25%，在农村人口中约占80%。

按照消费人群和着装风格分，大致可以将服装分为中老年服装、熟服装、青春服装三个档次四种分类，如表3所示。

表 3　传统服装按消费人群和着装风格细分市场

服装分类	年龄	消费人群特征
中老年服装	46 岁以上	工作多年，职场中向上动力不足
熟服装	31～45 岁	已经工作多年，追求向上
青春服装	25～30 岁	已经工作一段时间
	15～24 岁	学生或刚工作不久的人群

中老年服装主要针对的是46岁以上的消费人群，他们已经工作多年，职场中向上动力不足，在社会经济活动中不再占主导地位，经济收入处于衰退或停滞的阶段，对服装的要求不高或不能要求太高。

熟服装主要针对的是31～45岁的消费人群，他们已经工作多年，追求向上，有一定的经济基础和文化素养，强调生活品质，注重生活品位。

青春服装主要针对两类人群，一类是25～30岁的消费人群，他们已经工作一段时间但储蓄不多，大部分将要结婚或刚刚结婚，经济独立，工作上需要展现成熟的一面，而生活中则追求天真活泼的一面；另一类是15～24岁的消费人群，他们大多是学生或刚工作不久，在经济上未能完全独立，对服饰的标准追求主要是在款式设计方面。

2. 线上服装市场及人群分析

网购虽然有无地域限制的优势，但是其购物质量依据匮乏、远距离鉴别困难、物流成本高以及质量难以保障等问题依然突出。对于奢侈服装和高端服装的消费人群而言，他们更享受的是在实体店购物中的服务性体验与互动，对便捷性和价格并不敏感，因此可以看到网购服装的主力注定不是精英阶层中的消费者。而奢侈服装为保持自己的形象，防止第三方平台损害其消费体验和品牌形象，亦很少进军网购市场。因此可以看到，中产阶级和中低收入者才是网购服装中的消费主力，按价格细分市场，如表4所示。

表4　网购服装按产品价格细分市场

市场细分	价位	品牌代表
高端	1 000元以上	Dsquared2等
大众中端	300～1 000元	李维斯、Miss Sixty、欧时力、A&F、Lee、ONLY、江南布衣等
草根低端	300元以下	此时风味、茵曼、暖树、予含、欧莎、右道等

可以看到，网购服装中高端服装及大众中端服装的品牌都有线下实体店。它们通过较高的品牌认知度和美誉度在网购市场中占有一定的经营优势，获得品牌溢价，属于传统品牌的线上转移。而草根低端服装的品牌都是在淘宝中创立的，极少有实体店。经过真正深度细分市场人群、清晰风格定位后的这些品牌，在众多竞争对手中脱颖而出，满足消费者心理，属于新兴的“淘品牌”。

从消费人群和着装风格来看，受网购习惯影响，其消费对象主要为年龄在15～45岁的消费人群。其中，青春服装的消费者由于主要是经济上未能完全独立的消费人群，因此他们更关注服装的性价比，但品牌忠诚度并不高。他们更加追求紧贴市场潮流，凸显自我个性的服装，讲究风格细分度。而熟服装的消费者有一定的经济基础和文化素养，强调生活品质，注重生活品位，因此往往有固定的品牌偏好，品牌忠诚度较高，更看重产品品质和适合自身的裁剪与板型，强调购物体验与服务，同时对价格并不敏感。

3. 乾元和的消费者定位

结合乾元和自身的产品特点，根据以上的分析，我们对乾元和的消费者定位如下：

①年龄特征：25～40岁。

②职业特征：已经工作多年，白领及以上阶层。

③家庭特征：家庭稳定，社交活动丰富。

④生活特征：善待自己，关注衣着质量，注重生活品位。

⑤消费特征：看重产品品质和适合自身的裁剪与板型，对价格并不敏感。

⑥品牌特征：有品牌意识，具有很强的品牌偏好，对品牌忠诚度较高。

四、乾元和市场竞争策略

1. 品牌定位与执行

品牌定位的任务是使消费者产生共鸣，留下印象深刻的识别特征，主动地与目标受众进行交流，因此品牌定位要能突出品牌识别的重点，确定传播目标，即明确什么样的信息最能体现差异化，最能吸引目标市场，向外部表达品牌识别特征和品牌个性，从而实现品牌区别化。乾元和在自主品牌塑造方面也面临着如何把企业的产品进行品牌包装营销的问题。乾元和的品牌定位在于柔软和时尚的牛仔服装，无论是在视觉上，还是在触觉上都要塑造这样的品牌理念，这也是未来乾元和产品的品牌定位，希望能让消费者一看到“QRH”，就能联想到乾元和柔软时尚的牛仔服装。

如何保障乾元和产品的柔软特性？乾元和策划与产品管理团队从影响产品柔软特性的三个环节着力，以保证产品的柔软特性。

(1) 面料的选择是首要的关键环节，是决定产品柔软性的基础。选择高配置的长绒棉作为纺纱原材料，或采用全棉、特殊环保纤维（例如竹纤维、牛奶纤维、珍珠纤维）作为原材料的基础组成部分，绝不采用石油衍生品——化纤来做原材料。

(2) 使用技术最先进的机器进行面料织造，并采用独特的浆纱工艺和先进的丝光后整理技术，以保证面料的柔软性。

(3) 水洗是保证产品柔软性最重要的一个环节。选用高品质、环保的水洗药剂，水洗工艺严格按照标准操作，以保证最终产品的柔软性。

所有具有远见的企业都会将品牌定位作为竞争战略的核心，因为任何商业战略的最终目的都是在消费者满意的基础上成功实现交换的，在消费者心中取得一个有价值的地位就非常重要了。一些观点认为：建立品牌实际上就是定位，否则它就不会在消费者心中拥有独特的价值。企业往往通过市场细分来确定目标消费者群，针对他们塑造某种品牌个性，并展现在服装产品和广告宣传之中。最初，乾元和将产品的目标群体设定为30～35岁的消费群体，首先，这部分消费群体有一定的物质积蓄；其次，他们在服装上有更多的要求，与年轻时仅仅追求款式的时尚不一样，更加追求服装的舒适度，因此乾元和必须为该年龄段的消费群体设计出合适的牛仔服装，同时提高牛仔服装的柔软度和舒适度。随后，乾元和又把目标群体的年龄段再扩大到25～40岁，希望能在消费者年轻的时候培养出品牌的忠诚度。

品牌定位是创建品牌的基础，企业必须有一个清晰而有效的品牌定位，以便在宣传推广时准确地向消费者传递商品的信息。一个清晰而有效的品牌定位要求企业上下都有一定的理解和认可，可使其与企业的发展理念、企业文化及价值观念相联系。

创造一个品牌往往是一个长期的系统工程，在明确产品的定位后，还涉及品牌的传播问题。首先，企业内部以及合作者必须理解乾元和品牌，且关心它的发展，要是做不到，品牌就难以得到传播。所以必须先形成一个品牌故事，根据乾元和的发展历程和品牌定位，设计一个能清晰描述乾元和的故事，这个品牌故事是识别乾元和的重要媒介，也是塑造企业文化的重要基石。其次，在企业内部和企业合作者之间进行传播。最后，通过产品设计、体验店开设、网络平台宣传和广告营销等手段宣传乾元和的品牌。

（1）制造微电影、创作书籍、编制品牌管理手册。首先，微电影是当前传播信息的良好媒体之一。与传统的媒体不同的是，微电影制作的成本相对较低，传播方便，视觉效果较好，能通过简短的故事情节传达出一种核心思想，因此在企业内部或者大型的购物中心播放微电影，能让企业内部和外部对企业品牌有清晰的认识和了解。其次，创作书籍也是品牌宣传的一种好方法。沃尔沃在宣传品牌时曾经编制一本书，名叫《传播沃尔沃汽车：世界上最伟大的品牌之一》。这本书介绍了沃尔沃新的品牌要素，让消费者对沃尔沃有了全面的了解和认识。最后，公司需要成立品牌管理部门，编制品牌管理手册，设立规范，为企业提供品牌延续所需要的提示和原则，保证品牌传播的协同进行。

（2）网络平台的宣传。搭建自主的网站，是网络宣传的一个重要方式。在产品销售的平台上，链接公司的网站，通过网站的特色功能，实现公司品牌文化的传播，如乾元和创业故事、对水洗工艺和面料的追求、产品柔软与时尚感的展示等。

（3）体验店的设计。成立自营的体验店，不需要在体验店内销售公司的产品，可以在人流较多的一线城市里设立公司的体验店，展现公司的牛仔工艺流程，进行牛仔产品的柔软测试和耐用测试，展示未来概念产品的设计，组织公司的服装秀，免费派发用公司面料制作的小礼品等，向消费者传达公司产品的理念和特点，打造公司品牌。

（4）产品设计与工艺流程。除了上述的品牌推广和宣传，最重要的还是产品质量和产品设计。只有把品牌特色融入产品，才能深刻展现公司的品牌形象，例如加强产品的设计，结合时尚潮流，设计出时尚的牛仔服装；通过产品面料的选择和新材料的应用，使牛仔服装变得柔软舒适，并且更加耐用等。

2. 竞争优势

当前，虽然乾元和在品牌推广和营销方面尚有不足，但产品工艺本身十分出色，长期的代加工经验提升了公司的产品质量，也为公司打下了坚实的基础。以下六个方面是乾元和打造自主品牌的主要优势。

（1）牛仔服装理念。公司的总经理对牛仔服装事业十分热爱，创新想法较多，时刻想着如何把乾元和的牛仔服装做到极致，甚至追求牛仔服装行业的变革，这将为公司未来的几十年奠定战略发展方向。

（2）供应商的支持。由于公司在牛仔服装行业有多年的经营经验，与上游的原料供应商形成良好的关系，互利共赢一直是乾元和与其他公司的合作前提，良好的供应商关系也为乾元和缓解了一定的资金压力。

（3）工艺水平。由于乾元和有多年的代工贴牌经验，而且代工的公司都是国外著名的品牌，通过学习，不断对牛仔服装的面料和水洗工艺提出更高的要求。乾元和牛仔服装的柔软与时尚的品牌定位，和它出色的工艺水平密不可分。

（4）成本优势。乾元和有自己的水洗厂和服装加工厂，而且与供应商有着密切的良好关系，服装的制造成本完全可以靠自身内化，大大降低了服装的加工成本。这种纵向一体化有利于乾元和增加竞争的优势。

（5）产品质量。公司对产品质量有一套严格的测试机制，通过严格的质量控制和先进的工艺水平保证产品的质量。这是公司扬帆起航的动力。

（6）业务支持。由于短期内公司依旧保持代工贴牌业务，虽然外贸出口越来越难做，但是这块业务的支持，能给予乾元和更多的自主品牌开发的时间，贴牌业务的支持在一定程度上减少了企业转型的痛楚。

五、乾元和转型过程中的问题

在经济形势良好时，不论高端产品或低端地摊货都能售出，所有厂商都能赚取丰厚的利润，因而新塘镇几乎没有企业考虑过创建自己的品牌。随着外部经济环境的变化和乾元和自主品牌建设需求的日益增长，乾元和创建自己品牌的目标越来越紧迫。线上的运营、QRH 品牌的推广，成为乾元和目前的重要任务。然而，公司没有做社媒营销及电子商务的优秀专业人才，中高层管理对新型的营销模式和策略也不甚了解，乾元和对于 QRH 的美好规划能否实现?

外部环境的急剧变化，严重影响服装行业的出口业务。自从 2008 年以来，经济危机波及全球，欧美国家对服装进口的需求减少，导致我国服装出口数量锐减，降低了出口型企业的利润。并且，由于国际市场的结算货币为美元，人民币升值几乎抹平了企业的所有利润，甚至直接导致一些企业倒闭。此外，美国在虚拟经济过度膨胀、产业空心化问题严重的背景下，提出重振制造业的计划，宣布成立贸易执法单位，调查中国等国家的“不公平贸易”，一段时间内对中国包括纺织服装在内的制造业和出口贸易产生了负面影响。

2010 年，经济危机扩展到内销企业。国内物价不断上涨导致 CPI 屡创新高，服装产品价格也不断提升，消费者需求被抑制，国内服装业增长放缓。此外，棉花价格上涨，引起布匹价格大规模上涨。仅仅由于布料价格上涨，一条牛仔裤的成本就涨了 15 元到 20 元钱，再加上人工成本的上升，服装业又有一批企业倒下。在中低端产品类别上，许多新兴国家已找到了“中国制造”的替代生产力。而中国纺织服装行业出口仍以贴牌为主，自主品牌、自主设计出口不到出口总量的 10%，出口价格优势在不断削弱。

2011 年，国内服装市场呈现出“数量增长乏力”和“平均价格提高”的特征。据海关统计，2011 年 1—12 月，我国累计完成服装及衣着附件出口数量为 292.23 亿件，同比下降 1.10%，对欧盟出口同比下降 2.66%，对美国出口同比下降 6.28%，对香港出口同比下降 16.22%。这些传统的市场出口额占全国出口总量的 57.95%，出口总量同比下降 4.74%。

具体到乾元和所在的广州新塘镇，2010 年以来，政府引导企业建立品牌中心、研发和销售中心，建立集产品设计、制版、测试、生产、物流和销售为一体的产业链，逐步走出对加工贸易、贴牌生产的依赖，提高质量和附加值，已创建 VIGOSS、增致、喜为王、康威、苹果等品牌。新塘牛仔服装业的有利条件包括产业链配套齐全、知名度高、地区影响力强、地理位置优越、政府政策扶持等。

新塘服装产业发展也存在一些影响地区经济和社会的严重问题。第一，环保措施不到位，环境成本压力增大。服装业的资源消耗大，环保压力大，更新设备、转换技术节能减排等问题只有几家大型的企业有资金和实力去解决，而小型企业和家庭作坊很难做到。第二，面对利润微薄的行业危机，各企业纷纷寻找出路。许多企业攥着积累的资本，纷纷进入金融市场、房地产市场，无心经营实业。这构成了广东经济牺牲最大、未来最令人担忧的问题。

然而，品牌运营的四大问题困扰着新塘几乎全部的服装企业。

第一，观念落后。所有代工型企业都希望品牌化，但为什么没有大规模实现？主要是企业缺少品牌建设的决心与存在观念性障碍，把生产当作第一要务，忽略了品牌策划的重要性。

第二，代工型企业向品牌企业转型的能力不足。缺乏经营性人才，包括：①能够拓展品牌文化，引领品牌规范的高端管理人才；②懂得经营销售类的人才；③研发设计（包含面料设计、服装设计、工艺设计、质量管理与检测等）人才。

第三，品牌战略策划能力不足。首先，品牌的定位不够明确，从而无法加深消费者的记忆，使其清楚地记住品牌的特征。其次，品牌的市场导向观念不强，从产品的开发到营销没有提前把握市场变化，导致产品从某种程度上在跟风，没有形成品牌的独特风格，使消费者无法提高对产品的认知度。最后，宣传力度较弱，没有找准产品与消费者之间的情感交汇点，使消费者在短时间内难以对产品产生共鸣。

第四，组织管理欠缺科学性。电子商务对于牛仔制衣企业来讲是较新型的销售平台，其配套管理模式还没有形成行业规范，仍在摸索中前进。比如新塘牛仔制衣企业大多只关注于销量和店家等级，急着用销量去打造“皇冠”，往往破了质量和品质的底线。虽然 QRH 始终坚守品质的理念，但品牌评价始终无法令人非常满意。乾元和旗下的旗舰店面临许多问题。例如，每个好的网上店铺都应该在不同时期推出自己的主打产品，或是新款，或是几天内的爆款，或开展限时打折等活动，它们应当被摆在最醒目的位置。但是，乾元和的网店缺少类似的策划和活动。

乾元和更关键的问题还在于：其一，内销品牌知名度低。无论是公司品牌乾元和，还是线上品牌 QRH，知名度均不高，导致难以提高网上销量。尽管产品质量在同行业中名列前茅，但由于品牌知名度低，线上流量仅靠搜索浏览，效果有限，成交量自然不高，网上月销量处于低水平。其二，营销模式单一，销售能力薄弱。虽然企业采取如网页短期广告等营销手段来宣传企业的产品，但单单依靠这些方式是不够的，社媒营销已经成为现今网络营销的主流手段。对于新型媒介，如博客、微博、微信等，乾元和在社媒营销方面的经验几乎是空白，一切要从零开始。其三，网店营销团队能力薄弱。公司中负责网店销售的总共四五个人，网店的页面设计比较单调。以上种种都导致了消费者忠诚度的缺失，影响品牌建设和推广。

在经济不景气、行业萎缩、成本上升的重重压力下，乾元和不畏艰险，迎难而上，打破传统服装制造业企业满足于代工生产、赚取低利润的桎梏，尝试一条适合自身的企业转型之路，勇气可嘉。尽管创建自主品牌时间短，但不难看出乾元和对于其未来发展的态度是乐观的。企业转型的道路不是一片平坦的，在迈向目的地的路途中总会荆棘丛生。创立自主品牌 QRH，开设线上旗舰店，网络营销能够增强竞争力，实现企业的可持续发展，但也不可避免地加大了企业的资金压力，QRH 何时才能盈利？服装业电子商务早已是一片“红海”，QRH 品牌如何打造，才能在消费者心中占得一席之地？高素质的电子商务员工稀缺，如何有效利用人才，成功运营网店？广阔前景伴着重重隐忧，在行业洗牌、业态转变的今天，乾元和如何突出重围？面对这些问题，不仅需要高层决策者努力探索，也需要企业顺着市场的潮流迎难而上。对于我们，乾元和的努力和创造值得深思。

多美淘的兴起

本文描述了北京多美淘网络科技有限公司的背景、产生以及其相关业务，探讨多美淘在当今互联网和市场环境下，如何制定自己的竞争战略。

一、引言

2014 年 3 月 23 日，暨南大学 EMBA 北京班首期班的信息管理课程结束，一股强烈的新兴信息化念头在同学们的脑海中迟迟不能散去。课后一周，大家带着各种各样的想法，汇集到许景权同学单位所在地进行了第一番研讨，并将一个创业的大方向——互联网美容确定了下来。

时间悄然离逝，初期的想法已逐步落实，现在已经成功进入试运营阶段。如何在众多互联网产品中脱颖而出？如何让消费者采用多美淘 App？如何成为全球最大的美容服务提供商？本文将根据互联网和市场环境以及多美淘的现实状况，对上述问题进行探讨。

二、多美淘基本情况

1. 公司简介

北京多美淘网络科技有限公司是一家集互联网电子商务、化妆品产品和 IT 信息服务为一体的综合性服务科技公司。公司成立于 2014 年 7 月，注册资本 200 万元，位于北京市朝阳区。

北京多美淘网络科技有限公司（简称多美淘）基于现阶段美容行业发展趋势，结合移动互联网技术发展，在坚持与美容院商家平等、互利、共赢的合作基础上，力求竭诚为美容消费者提供高质量、高性价比、高效率的美容服务，以此吸引广大热爱美容但又对目前美容现状不满的女性群体，激发全民美容的热情。通过多美淘的平台服务，引导消费者培养正确的美容习惯和美容方法，一方面为消费者提供种类丰富的本地化美容指南，方便消费者在线选择和预约；另一方面为消费者提供价格折扣，提升消费体验。同时通过多方互动，帮助美容院商家增加线上导客的新渠道，并不断提升商家的服务质量，协助美容化妆品业商会规范行业秩序和提升美容行业服务水平。

与此同时，多美淘结合与美容化妆品业商会战略合作的优势，整合美容行业上下游产业链资源，通过与上游产品供应商联合促销，最大限度地降低成本，扩大美容院客源；同时为美容院商家提供在线宣传，提升美容院品牌形象。

公司目前200万元的注册资本来源于暨南大学EMBA北京班的学员，他们自愿发起成立暨南大学E创投基金会，在基金会的基础上由各位成员以自愿的原则共同出资100万元，作为公司前期启动资金，待项目上线后，根据项目推进情况及资金需求状况启动A轮融资，融资规模根据公司实际资金需求而定。

2. 公司人员结构与治理结构

多美淘的创始人及核心团队成员均来自暨南大学EMBA。

董事长一职由陈建云担任。陈建云，福建富贵鸟矿业集团董事长、创始人，具有上市公司及大型矿业集团公司管理经验。

公司执行董事四人：许景权，中华全国工商联合会美容化妆品业商会秘书长，致力于行业规范的制定和推行；张志强，主要从事互联网行业，具有资深的互联网及市场调研经验；马先锋，兼公司CEO，家电行业职业经理人，具有多年的家电行业市场营销经验；李响，IT行业职业经理人、公司股东，具有IT行业市场营销经验。

公司的战略总顾问为中华全国工商联合会美容化妆品业商会会长马娅女士。马娅女士为世界经济学硕士，副研究员，美国加利福尼亚州哈姆斯顿大学荣誉博士，担任多个美容协会的会长，对于美容行业的发展具有自己独特的观察与见解。

公司组织架构如图1所示。董事长下设CEO，下辖四个部门，部门之间各司其职，分工协调。同时打通线上/线下平台，实现联动。

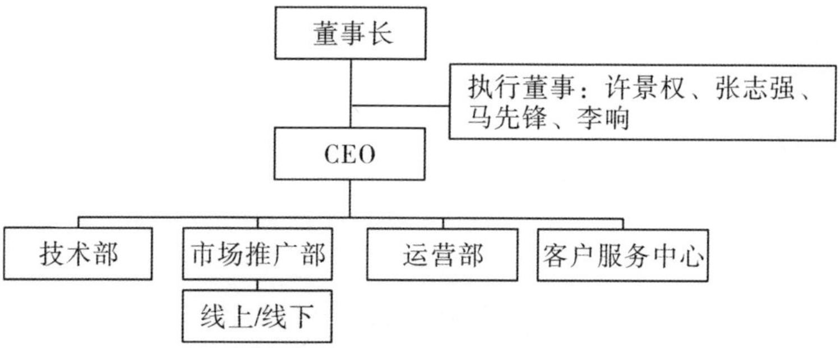

图1　多美淘公司架构图

三、公司商业模式创新分析

1. 多美淘商业模式的创新

（1）价值主张创新。所谓消费者价值主张，就是要求企业真正从消费者的需求出发，为消费者提供价值创新。独特的价值主张体现在品质、专业性与高性价比上。

公司将在品质、专业性与高性价比上强调消费者的价值，从以下几个方面进行创新：

①品质方面，公司从创立开始一直坚持确保产品的品质，所有销售的产品全部确保正品品质，公司对所有生产、销售的产品均严格验收，确保产品高品质。

②专业性方面，公司整合行业资深专家资源，为美容机构提供专业的咨询、指导服务，以及专业的培训、美容业人员资格认证服务，体现公司的专业能力。

③高性价比方面，多美淘将基于自身的平台优势，与商家深入合作，整合上下游资源，为消费者打造价格优惠的美容服务项目，使消费者在多美淘平台购买的美容服务产品获得最大的价格优惠，以提高消费者的服务体验。

（2）资源与能力创新。资源与能力是指企业构建新商业模式的过程中，利用自身的独特资源和能力形成竞争门槛，避免新产品和业务被迅速复制或让后来者轻松地模仿和超越。

公司将在以下几个方面最大限度地利用资源，巩固自己的竞争优势：

①公司秉持为消费者提供优质的产品及服务的理念，协助美容化妆品业商会规范美容行业秩序，保护消费者权益，最终提升美容行业的整体竞争力，在协助行业协会的同时，将会得到协会及相关政府部门的大力支持，快速发展。

②公司在面向美容机构推广优质产品的同时，整合行业资源，联合协会共同构建行业标准的培训服务、资格认证标准及认证资质，在标准制定及认证方面构建核心优势，建立和美容机构的互动、交流的客户黏性，实现公司客户群的最大化。

③公司成立专业团队，和行业专家研讨构建美容机构开店、运营及服务的专业指导与免费服务，增加网上商城的附加值，以此提升商城的市场份额和竞争力。

④深入研究美容机构，在做好商城销售的过程中，倾力打造美容机构认可的自有高端化妆品品牌及产品，以美容机构为推介窗口，逐步向消费者宣传，最终创建消费者喜爱的高端化妆品品牌，提升公司的整体创利能力和发展动力。

（3）营利模式创新。所谓营利模式，是指企业在盈利方式上与众不同，充分消除消费者付费的阻碍。公司的盈利来源主要包括佣金收入、广告收入与产品销售。

公司会根据发展的不同阶段调整自己的营利模式。

①发展期：免费提供线上美容资讯、咨询服务，提供适合美容机构的高性价比产品，实现网站客户蓄客，构建网站的核心客户群。

②成熟期：向上游产品生产企业提供推广宣传服务，收取产品生产厂家广告费用，作为公司的盈利点；同时开设网站品牌产品官方旗舰店，按销售额收取销售佣金作为企业利润。

在发展的过程中，公司会运用大数据工具，向美容机构提供高端定制化服务，将服务费用作为公司利润。此外，也将对美容机构深入研究，在做好商城销售的过程中，倾力打造美容机构认可的自有高端化妆品品牌及产品，以美容机构为推介窗口，逐步向消费者宣传，最终创建消费者喜爱的高端化妆品品牌，销售自有品牌产品是公司的最大利润来源。

2. 多美淘核心产品优势及推广

（1）核心产品：淘美达人。作为一家专业的美容服务提供商，多美淘将充分运用现代移动互联网技术，连接消费者和美容机构并提供全方位服务。而在这个桥梁的搭建过程中，公司将推出自己的核心产品——“淘美达人”。淘美达人在用户端与门店端有着不同的功能定位。

对于用户而言，淘美达人是一个SPA神器，用户可以利用这个App实现以下服务：精准的信息推送与超低价的体验、一键预约、常规项目团购以及与专属的美丽顾问进行互动。

对于门店而言，淘美达人是一个店长神器，帮助门店实现非会员客户的导流，提高门店上客率和转化率。此外，门店还可以利用这款App进行促销推广，针对会员及附近人群定向推送促销信息，将闲暇项目进行集中的特价销售。作为一款基于移动互联网的App，淘美达人实际上为美容店提供了另外一个平台，门店可以将其与限量折扣等优惠活动进行联动，从而实现联合平台活动主推销售的目的。

（2）淘美达人推广方式及节奏。淘美达人的推广需要线上、线下的联动。产品上市后，首先要进行集中推动，从而提高市场认知度，利用名人、美容达人进行导流。在推送场所方面，既可以利用会议推广，也可以在软件市场布局，配合线下活动，同时加大线上推广的力度。

自2014年多美淘问世以来，首先在美容院进行了布点推广。同年5月，App上线后，继续加大向美容院以及消费者推广的力度。

四、多美淘前景分析

中国美容业目前正处于市场发展较快的增长期，仅近几年的新开店数就占了总数的78%，其营业收入的增长幅度也高于全国GDP的增长速度。美容业在GDP和第三产业中所占比重，以及就业人数在第三产业中所占比重均呈增长态势。这种快速发展态势表明：该产业属于朝阳产业，其产业的延伸内涵丰富，供求的弹性空间较大。

目前来看，美容行业的发展有以下三大特点：

一是市场空间大。据业内专家预测，在未来的几年，美容业作为服务业的一个最有竞争力的行业，营业总收入将突破40 000亿元，留给投资者的市场空间每年将高达5 000亿元。

二是行业基数庞大。截至2014年，全国上规模的美容院达到27万家，美容美发店加起来约260万家，有2 200多万名从业人员。

三是人均消费额大且年龄跨度呈扩大态势。2013年全国美容化妆品消费额超过3 000亿元。现在有些高端美容院会所年收入几千万元，每年约有6 000万名女性定期或不定期到美容院做美容、美体、美甲及购买各类化妆品。以每人年平均消费5 000元计算，年合计为3 000亿元。这其中还不包括男士及其他消费化妆品的人群，并且做美容的人的年龄跨度也越来越大。

四是消费方式具有相似性。根据调查，办卡已经成为美容的主要消费方式，接近四分之一的客户会选择办理月卡或者年卡；消费区域主要在城镇，以机关、商务与流通区域和居民集中地区为主，这与美容机构的分布状况相一致。

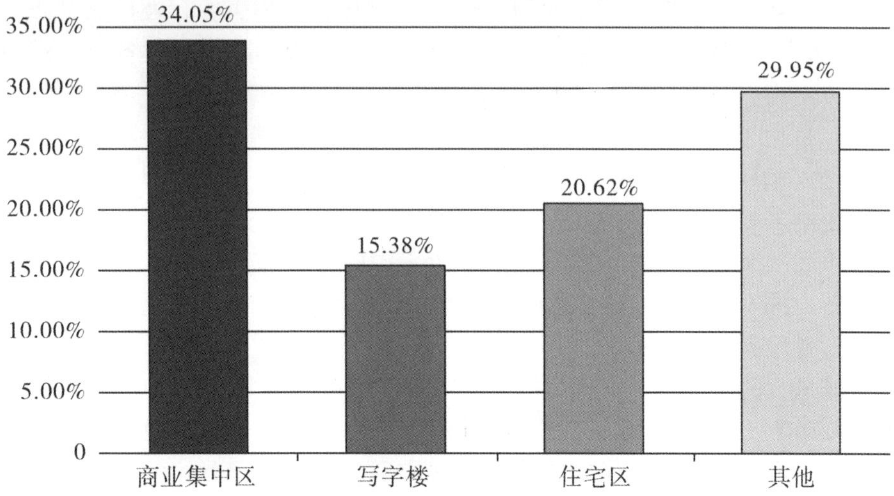

图2　美容主要消费区域

1. 美容行业面临的挑战

从消费者角度来说，美容消费现在处于被动消费时期，不是主动消费，消费者进入美容院的时候不是想做什么就做什么，而是被美容院进行引导式消费，这就要求美容院对化妆品的选择及使用要有严格的把关。消费者到美容院消费大多是寻求美容效果，希望尽快解决皮肤问题，这要求美容院所使用及销售的化妆品在功能作用上必须满足消费者的以上需求。

从产品角度来说，美容化妆品行业分两条线：一是日化，二是专业。日化就是各类受众都可以使用，专业就是效果更明显一些。从专业性角度来说，现在一些产品确实含有激素，产品依赖性很强，消费者用了效果非常好，一旦不用就有问题，再用又好了，这说明产品违规添加的问题很严重。从监管角度来说，美容化妆品行业基数非常大，整个行业中“三无”产品比较多，美容操作中常出现不规范的现象。

蓬勃发展的美容行业面临着诸多问题，概括起来主要有以下四点：一是监管不严格、服务不规范；二是美容市场秩序较为混乱；三是行业诚信度较低；四是从业者素质亟待提升。

综合以上现状分析，美容化妆品行业，特别是美容/美发院对品质优良、高性价比的基础性常规美容产品潜在需求较大，消费者接受度高。多美淘主推几款高性价比的家妆美容产品（如面膜、精油、保健品等），利用商会的推广、消费者使用后的口碑宣传等途径，成功的可能性较大。

从美容大行业背景下多美淘的发展前景来说，目前行业整体的基数比较大并且处于扩展状态，这也给后来者进入这片市场带来了更多的机遇与挑战。如何能快速切入这片市场或者有效扩大市场规模，考验着整个行业。

可以发现，有一批美容企业的 App 表现靓丽，成为美容行业的新亮点，如“易美佳人”“嘟嘟美甲”“微美”“美姿约”等，其共同特点就是能够实现 O2O 上门服务。它们的成功在于利用了人的懒惰的特点——懒惰是第一生产力。“懒人经济”催生了一系列 O2O 上门服务，从家政保洁到美发美甲，再到美容、按摩、保健，O2O 正在成为整个美容行业的颠覆者。

这也给多美淘的发展提供了借鉴。

多美淘网通过前期对美容行业上下游资源的整合和移动电子商务平台的建设、运营、推广、维护，在终端消费者当中形成良好的口碑，打造了美容行业细分市场专业化服务平台。

全球最大的出租车公司 Uber 没有一辆出租车，全球最热门的媒体所有者 Facebook没有一个内容制作人，全球市值最高的零售商阿里巴巴没有一件商品库存，全球最大的住宿服务提供商 Airbnb 没有任何房产！因此，多美淘的目标是成为全球最大的美容服务提供商，却没有任何美容院！基于这个理念，公司通过整合所有美容院资源，为消费者提供安全、便捷、高性价比的美容信息、最丰富的美容机构选择以及美容项目的在线预约、下单、购买、体验、验证支付，以此让消费者的美丽生活变得更简单、更便捷。发展 O2O，国内最大的美容服务商多美淘希望在没有一家美容门店的条件下依然能实现覆盖式的服务。

多美淘是一家专业的美容服务提供商，是充分运用现代移动互联网技术，连接消费者和美容机构并提供全方位服务的移动互联网 O2O 的网络科技公司，为消费者提供安全、便捷、优惠的美容信息推送和美容项目在线预约、购买；为美容院扩大客流、提高营业质量、提升服务水平提供全方位服务；同时协助美容化妆品业商会逐步规范美容行业秩序，构建美容行业诚信服务体系，促进行业健康快速发展。

顺应整个美容行业的蓬勃发展态势，有效利用 O2O 电商服务模式，多美淘有望在分得更多市场“蛋糕”的同时，形成自己鲜明的发展特点与独特的竞争优势。

2. *移动互联网发展机遇*

（1）移动互联网使用特点与前景。随着智能手机的普及，移动互联网的应用迎来了一个爆发式的增长，根据 AdTime Atlas 云图大数据管理平台的统计，中国移动互联网用户平均每天启动 App 时长 116 分钟，也就是说，用户每天使用 App 时长接近 2 个小时。根据调查，这些移动互联网用户的 App 使用习惯呈现一种高集中度，经常使用 1 ~5 个 App 的占比最大。

移动互联网给社会经济生活带来了变革。其具体体现在人们的消费方式和生活方式上。

首先是消费方式，移动互联网席卷了各大消费领域。现在很多人去商场购物，看到喜欢的产品，就会拿起手机扫一下二维码比比价，放入网络购物车，逛完商场，在手机上点击送货时间和送货地址，直接付款，不用拎东西，也不用排队。移动互联网以其方便快捷的特点迅速在餐饮、娱乐、美容、健身、交通、教育等领域得到了广泛应用，也被越来越多的人接受并熟悉。

消费方式的改变从更深层次上来说，其实是造成了生活方式的颠覆。最近几年，网购已经成为人们生活的一部分，这是互联网带给我们生活方式的一大改变，让购物变得更加方便，随时随地都可以交易。随着智能手机的普及，以及支付宝与微信支付等第三方支付平台的发展，传统的结算方式也发生了变化，移动互联网正在全面深入接管中国 10.77 亿移动互联网用户的生活，包括“钱包”。

（2）移动互联网大环境下多美淘的发展前景。消费方式、生活方式的变革也给美容行业带来新的机遇。在移动互联网的全程参与下，一次美容体验服务可以包括以下环节：手机搜索美容—看评价选门店—对比选择优惠—手机领取优惠券—手机预约美容—导航到门店体验—通过社交网络分享服务体验。如果美容行业能够利用这中间的每一个环节，为用户提供便捷、全面的信息服务，那么就可以利用移动互联网用户创造更多的价值。

多美淘可以借助现代移动互联网技术，在消费者与美容机构之间搭建桥梁，提供全面且有用的信息，在大数据时代既方便消费者，又帮助美容院打开市场，让服务伴随整个美容消费过程。

借“老钻石”入新领域

——广州轻出集团有限公司

本文描述了广州轻出集团有限公司的历史、现状以及其所在行业的现状，介绍了该企业推出的钻石牌空气净化器，为打入新市场领域而推行的创新租赁模式，并进一步探讨“老钻石”应该怎样出奇制胜，在国际品牌市场占有率极高的环境下取得一席之位。

一、引言

柴静曾自费百万元录制纪录片《穹顶之下》，暂且不谈人们对其数据、拍摄手法等的争议，里面所呈现的雾霾确实让人触目惊心。近年来，空气质量不断恶化，室外有雾霾的笼罩，室内有甲醛等装修污染的入侵，对人们的安全造成严重威胁。空气污染不仅影响城市形象，更影响人们的身体健康。

说起钻石牌电风扇，相信广东人都不陌生。它和三角牌电饭煲都是广州轻出集团有限公司的知名商标，也曾是广东乃至全国的知名产品。广州轻出集团有限公司的钻石牌电风扇诞生于50多年前，是很多家庭的第一台电风扇，现在公司进军空气净化器领域，推出钻石牌空气净化器，通过军用级空气净化技术，打造钻石级好空气，致力于将钻石牌空气净化器打造成现代年轻人的第一台空气净化器。面对国际品牌市场占有率较大的环境，“老钻石”采用了怎样的创新营销模式？创新租赁模式如何才能更加有效地开展？

二、广州轻出集团有限公司

1. 企业介绍

广州轻出集团有限公司成立于1956年，是中国最早的外贸企业之一，在国际贸易领域享有盛誉。公司业务范围包括进出口贸易、国内销售、生产制造、

OEM、ODM、仓储货运和广告展览，主营范围广、规模大和时效性强的消费品及轻工业产品的全球贸易。现在，公司的出口产品有上千种，远销全球130多个国家和地区，拥有2 000多家客户组成的庞大经销网络，是中国最大的200家出口企业之一，连年入选中国最大进出口企业500强。

广州轻出集团有限公司知名商标众多，海外注册商标覆盖世界110多个国家。其中钻石牌锁、钻石牌电风扇和三角牌电饭煲、冠军牌体育用品、金雀牌乐器、TITAN自行车胎均被评为“2003年广州市著名商标”；钻石牌电风扇和三角牌电饭煲2005年被评为“广东省著名商标”；三角牌电饭煲在2003年不仅全国市场销售量位居同类产品前两名，而且在首届“中国市场产品质量用户满意度调查”中被评选为“中国电饭煲市场产品质量用户满意第一品牌”；钻石牌电风扇等系列产品于2004年荣膺“中国市场家用电器产品十佳畅销品牌”。2014年，公司荣获“广东省服务业自强企业”荣誉，实现销售收入81亿元。

2. 公司架构

广州轻出集团有限公司由股东大会、董事会、监事会、高级管理人员构成，组织架构如下图所示。公司设股东大会，有两个股东，分别是广州轻工工贸集团有限公司和广州包装印刷集团有限责任公司，均为国有企业，其中广州轻工工贸集团有限公司占比99%，是广州市国有资产监督管理委员会直接管理的国有独资企业。股东大会决定公司的经营方针和投资计划，审议董事会和监事会报告；董事会受股东大会委托，负责经营和管理公司的法人资产，是公司经营管理的决策机构，对股东大会负责；监事会是公司的监督机构，对股东大会负责，对董事会报告进行审核，对董事、高级管理人员的行为进行监督，维护公司、股东及员工的合法权益；高级管理人员包括总经理、副总经理、董事会秘书、财务负责人，由董事会聘任或解聘，负责公司日常经营管理工作。

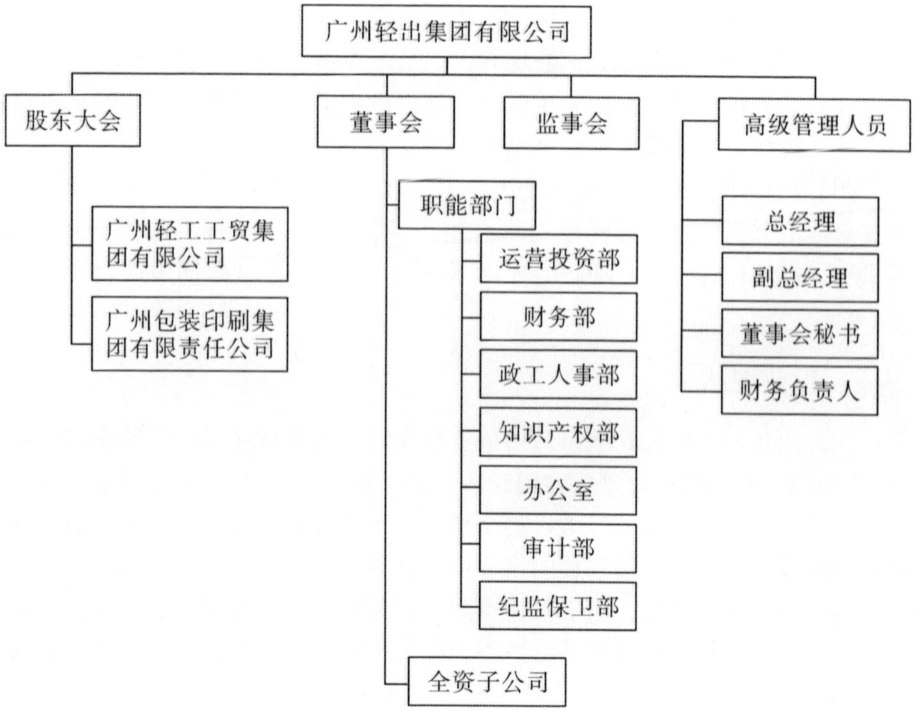

组织架构图

此外，广州轻出集团有限公司董事会下设7个职能部门和11家全资子公司。职能部门包括运营投资部、财务部、政工人事部、知识产权部、办公室、审计部、纪监保卫部。全资子公司包括广州轻出集团百货进出口有限公司、广州轻出集团恒瑞进出口有限公司、广州轻工业品进出口有限公司、广州轻出集团文体用品进出口有限公司、广州轻出集团高宝进出口有限公司、广州轻出集团鑫诺进出口有限公司、广州五金矿产进出口有限公司、广州轻出集团有孚供应链管理有限公司、广州轻出集团易链通贸易有限公司、广州轻出集团天祺物业管理有限公司、越秀轻工业品有限公司（香港）。

值得一提的是，广州轻出集团有限公司目前获得中国银行、工商银行、交通银行等银行机构综合授信额度超过8亿元。

3. 营业状况

广州轻出集团有限公司2013年主营业务收入66亿元，2014年达到81亿元，"十二五"期间保持着20%以上的增长速度。公司业务状况有三个特点：一是三大板块支撑发展。公司业务分为进口、出口和内贸三大板块，各板块占比为65：15：20，以前是出口独大，这几年结构不断优化。二是品牌竞争力不断提升。公司的三角牌、钻石牌商标被认定为中国驰名商标，并且已经顺应时代发展要求开拓了电商渠道，影响力不断提升。三是供应链管理能力提升。公司注重整合管理核心业务供应链，在服装供应链、家电供应链、建材供应链等的上下游进行整合使管理能力进一步增强。

广州轻出集团有限公司预计到2015年，实现主营业务收入100亿元，强化资源整合能力和供应链管理优势。“十三五”期间，公司要打造三个平台：国际贸易平台、品牌产业平台、项目人才创新平台，向上市企业集团迈进。

三、行业现状

广州轻出集团有限公司从事进出口贸易和国内贸易行业。中国的崛起令世界瞩目，尤其是加入WTO以来，我国经济发展迅速，在2010年超过日本成为世界第二大经济体。当今世界，经济日趋全球化、生产日趋一体化，进出口贸易规模已经成为衡量一个国家经济发展的重要标准。随着全球经济的一体化，各国参与国际市场竞争越来越激烈，为了减少本国的贸易逆差，各国纷纷采取措施，保护本国企业的市场份额不被外国产品挤占，除了传统的贸易保护手段之外，新的手段层出不穷。

据统计，2009年，我国进出口贸易总额为2.21万亿美元；2010年，进出口贸易总额达2.97万亿美元；2011年进出口贸易总额升至3.6万亿美元；2012年达到3.87万亿美元；2013年，我国进出口贸易总额增加至4.16万亿美元，跃居全球第一。中国进出口贸易的发展势头迅猛前进，出口贸易行业现在处于垄断性竞争的市场结构，行业内有几家大型外贸公司，也有众多的小型外贸公司，每家外贸公司提供的都是进出口通关服务，但具体服务的特点和优势又各不相同。国内贸易行业的竞争比外贸行业竞争激烈，当广州轻出集团有限公司准备进入空气净化器领域时，此领域已有300多个品牌，但因处于刚开始发展阶段，领域内还没有出现“领头羊”，存在市场机会。

四、产品竞争优势和创新营销模式

1. 市场环境

近年来，空气质量不断恶化，消除空气污染、关注身体健康成为当前许多地方消费者的主要诉求。为了打造一个适宜人居的空气环境，以空气净化器为代表的室内环保产业应运而生，相对成熟的国外品牌纷纷抢占中高端市场，国内众多品牌也在崛起，空气净化器产业正在迎来爆发式的增长。

纵观当前活跃的空气净化器市场，畅销的基本上都是国际品牌，如飞利浦、夏普、松下、Blueair 等，国际品牌的影响力和市场占有率远大于国内品牌。作为拥有几十年发展历史的国有企业，广州轻出集团有限公司认为其有责任站出来，为国人净化空气、守护健康出一份力。其价值主张是：国有企业，守护国人健康，体现责任和担当。

为了更准确地把握消费者诉求，广州轻出集团有限公司在雾霾严重的地区做了市场调研。市场调研发现，有 91% 以上的人选择将空气净化器放置在家中（只有一台时）；有 85% 的人觉得办公室空气质量不佳，有必要使用空气净化产品。从市场调研数据可知，家用市场与商用市场是空气净化器最有潜力的市场。由此确定钻石牌空气净化器的目标客户群——家庭消费者和商业经营者，产品系列也根据目标客户群分别设计生产。

2. 竞争优势

分析广州轻出集团有限公司的钻石牌空气净化器产品，可知其在三个方面有明显的竞争优势。

（1）技术优势。

①空气净化能力强。钻石牌空气净化器产品是由三公斤活性炭、十三级医用 HEPA 组成的滤网，可达 600 卡值，有效过滤甲醛和 PM2.5。使用的风机质量与国际高端品牌相同，经过检验测定，60 平方米的房间一个小时可以换气三次。

②空气感应灵敏。采用 GE 感应器，能够灵敏感应空气变化；开发了手机 App，可以随时监控空气指数变化。对比市面上某些产品，只能测试风口的空气，其他地方则不行；只分为好、较好、较差、差四个档次，不能准确监控。而钻石空气净化器顶部的 LCD 显示器上有触摸按键，功能显示一目了然。

③军用级别技术保障。生产企业是一家军工企业，质量标准高，能够有效保障质量和技术。该企业是全国唯一一家拥有处理氡气专利技术的企业，其生产的空气净化器是全钣金结构，目前市面上只有瑞典的 Blueair 和美国的奥斯汀能够做到，国内还没有同类竞争者。

（2）性价比优势。

钻石牌空气净化器在功能上与国外大品牌无差异，但在价格上却很惠民，性价比很高。高端系列产品能够达到瑞士 IQAir（售价 14 900 元）的档次，售价仅 4 000元；中低端系列产品能够达到瑞典 Blueair（售价 8 000 元）的档次，售价仅 2 000 元。

（3）品牌、资金、渠道优势。

一是品牌影响力。钻石牌是一个拥有几十年历史的老品牌，在广大消费者心目中留有深刻的印象和美好的情感。从电风扇到空气净化器，都属于换气领域，一脉相承，专业性不断提升。

二是资金实力。广州轻出集团有限公司是发展了几十年的国有企业，有资金实力推动商业模式创新。

三是渠道创新。钻石牌电风扇每年的销售量为500万台，在经销商渠道方面已经铺设了一定的资源。

以上三个方面的竞争优势可以帮助钻石牌空气净化器在经营中形成竞争门槛，避免被别的品牌轻松模仿和超越。

3. 创新营销模式

针对家用、商用这两个不同的产品系列，公司采取不同的经营模式。

（1）家用系列——O2O模式。家用系列的目标客户是家庭消费者，结合公司自身的资源优势和现代消费者的习惯偏好，采取线上与线下相结合的O2O模式。

线上：线上通过三种方式进行推广：①通过专家推荐，开启众筹模式；②通过有信任度的朋友圈子进行精准营销；③应用京东、天猫，结合微博、微信进行多平台营销。

线下：线下的主要目标客户群体是雾霾大的京津冀地区和长三角地区家庭客户。利用经销商渠道来推广钻石牌空气净化器，配合广告宣传，同时引入讲师模式，通过外聘讲师来给经销商宣传品牌、推动销售、检查业绩。

（2）商用系列——租赁模式。商用系列产品的目标场所是中高端的酒店、写字楼内的公司、养老院、月子中心等，这部分消费者对空气净化器具有刚性需求，但普通购买模式的一次性高投入对企业老板、酒店经营者等构成了门槛和障碍，且管理维护难度较大。因此，针对商用系列空气净化产品，公司从商业模式上进行了创新，采取租赁模式进行推广。

①租赁对象：中高端的酒店、写字楼内的公司、养老院、月子中心等。

租赁方式：将一次性购买转变为分期式服务收费，即客户首先支付销售总额的20%作为保证金，即可享有空气净化器的使用权，其余款项以租金的形式逐年支付，直至货款结清。在租赁期内，可提供免费维护和更换滤芯等增值服务。

②租赁盈利。租赁模式的收入主要包括空气净化器保证金收入、租赁机器的租金收入等。租赁模式的成本主要包括空气净化器制造成本、更换滤芯资金、机器维护成本等。

以一家共100间房的酒店集中采购售价为4 000元的空气净化器为例（一间房购买一台空气净化器）。若采取普通销售模式集中采购，需一次性投入40万元。通过租赁模式，可在初期投资8万元保证金即可获得空气净化器的使用权，从当年开始，按每年800元/台付租金，平均一年支出8万元，4年内付清，获得所有权。在这种模式下，酒店在没有全额付款前已经享受了空气净化服务，并且4年算下来总支出不会增加，而且大大缓解了资金压力，还能享受免费维护和更换滤芯等增值服务，对客户有很大的吸引力。

从成本来看，机器成本为16万元，每年更换滤芯成本约2万元，其他服务配套投入约5万元，机器折旧维护费用2万元。项目首年可以收回机器成本，第二年开始可以盈利，利润率约50%。

③租赁风险。租赁模式可能面临的最大风险是租赁对象在租赁到期前毁约。对于这种风险，有两种方法应对：一是事前签订租赁协议，规定违约责任，一旦发生违约则启动法律程序追偿；二是工厂有能力对使用过的空气净化器更换全新的滤芯，对外观钣金重新进行喷漆，保障空气净化器作为新品重新进入销售渠道。

总体而言，通过找准客户诉求，发挥竞争优势，创新经营模式，可以不断扩大钻石牌空气净化器的品牌占有率和市场影响力，持续提升经济效益和社会宣传效应。

来自20世纪的味道传承

——广西合浦黄记玥亮饼业有限公司

本文描述了广西合浦黄记玥亮饼业有限公司的品牌故事和发展历程。在叙述公司发展战略的同时，着重讲述品牌的定位以及创新的营销策略对于老字号企业发展的重要意义，进而指出其对于其他老字号品牌发展的借鉴价值。

一、引言

中华老字号都是1956年以前形成的，有的已存在几百年之久，是积淀着中国传统文化的优秀民族品牌。由于历史环境的变迁以及自身经营的原因，中华老字号品牌的衰退现象十分严重，一些老字号品牌逐渐退出市场；还有的老字号尽管存在，但处境很艰难。根据中国品牌研究院的调查，新中国成立初期全国中华老字号企业大约有16 000家，涉及食品、餐饮、医药、零售、烟酒、服装等行业。到1993年经国家商业主管部门评定的中华老字号只有1 600多家，仅相当于新中国成立初期老字号总数的约10%。这1 600多家中华老字号企业，70%的品牌经营十分困难，20%勉强维持经营，只有10%发展态势良好。2006年，中国商务部在国内各行业再次评定中华老字号时仅余430家企业，中国品牌研究院2007年对这些老字号的品牌价值评估结果显示，品牌价值超过100亿元的只有茅台和五粮液两个品牌，品牌价值超过1亿元的有117家，绝大部分老字号品牌价值不到1亿元，还有的老字号品牌甚至在贬值。广西合浦黄记也是留存下来的老字号品牌之一。这些老字号如何在现在的市场环境下寻求品牌资产的增值？如何获得新的生机？

二、广西合浦黄记玥亮饼业有限公司的发展历程

1. 公司背景

广西合浦黄记玥亮饼业有限公司（简称黄记）始创于 1930 年，是一家专注于大月饼生产的厂家，拥有 80 多年大月饼制作经验，逐渐成长为广西月饼领导品牌，公司拥有“黄记玥亮”商标，其产品多年来深受广大消费者喜爱。公司通过了 ISO 9001/ISO 22000/HACCP 国际标准管理体系认证，并获得“中国名点”“金牌月饼”“广西老字号”等称号。但近年来由于面临新生品牌的冲击，广西合浦黄记月饼在走出广西、走向全国的道路上面临着巨大的挑战。

2. 发展历程

第一阶段：20 世纪 30 年代，黄氏“又成”家族缘起。黄记月饼的历史可以追溯到 20 世纪 30 年代，始于广西合浦公馆“又成”家族黄国桂先生所创的华南兴月饼。当年，黄国桂先生怀着满腔创业热忱，在广西合浦公馆的小作坊内烤出了第一锅华南兴月饼，从此飘香十里。

第二阶段：从第一锅华南兴月饼开始，黄国桂先生就以同样的热情揭开每一锅华南兴月饼，守住了自己的初衷，赢得了街坊们的认可。后人继承祖业，月饼小作坊扩张成了茶馆。本着“你乐、我乐、大家同乐”的宗旨，1984 年“乐乐茶馆”开张，这间茶馆成了黄记的前身。

第三阶段：1990 年，黄记月饼正名。有了乐乐茶馆之后，街坊们还是认准黄先生一手传承的华南兴月饼。为了纪念黄家月饼的美味和先人的精神，黄家后人特地把乐乐茶馆更名为“黄记饼屋”。至此，黄记的创业传奇，伴随着几十年不变的执着，认真制作每一个美味的黄记月饼，使其美名远扬，成为北部湾极富特色的饮食文化代表。

第四阶段：2010 年，正式注册“黄记玥亮”。黄氏家族齐心协力，坚持几十年一脉相承的精湛手艺和专业大月饼制作传统，其制作的广式五仁叉烧大月饼以皮薄松软、色泽金黄、食后口齿留香而远近闻名。后正式成立广西合浦黄记玥亮饼业有限公司，并成功注册“黄记玥亮”商标，主打产品五仁叉烧大月饼荣获“广西名点”称号，公司成为中国烹饪协会会员单位、广西民营企业家协会理事单位。

第五阶段：2011 年，“黄记玥亮”备受殊爱。黄记月饼味道纯正、口感丰富，深受大家的喜爱。黄记玥亮五仁叉烧大月饼获得中国烹饪协会授予的“中国名点”称号，并成为全国唯一获此殊荣的大月饼品牌。

第六阶段：2012 年，传承美味，更上一层。“黄记玥亮”得到大家的认知与

深度喜爱，并荣获“全国餐饮烘焙业创艺赛金牌月饼”称号，也是全国唯一获此殊荣的大月饼品牌。

第七阶段：2013 年荣获“广西老字号”称号、荣获中国轻工业品展览会“最受消费者喜爱奖”。

第八阶段：2014 年通过 ISO 9001/ISO 22000/HACCP 等一系列国际标准管理体系认证，进一步提升了现代化管理水平。

从以上发展历程来看，品牌定位对于老字号产品的发展具有十分重要的意义。很多老字号产品依靠品牌的怀旧性质进行挖掘创新，从营销策略上求发展，在这点上黄记用了很大力度。

三、老字号品牌的营销创新

“中华老字号”是一个约定俗成的概念，普遍理解为：历史悠久，拥有世代传承的产品、技艺或服务，具有鲜明的中华民族传统文化背景和深厚的文化底蕴，取得社会的广泛认同，形成良好信誉的品牌。可见，老字号品牌资产构成中有值得挖掘的元素，是运用怀旧或继承的策略的基础。同时，老字号品牌在长期经营中存在的与现代经营理念和消费观念不吻合之处，又为提升品牌资产的创新策略的运用提供了空间。

通过营销创新拓展品牌意识、改变品牌联想、改善品牌形象等都可以提升企业的品牌资产。黄记采用了品牌重新定位、市场创新、营销渠道创新、营销沟通方式创新等方式影响消费者的品牌意识和品牌联想，实现了品牌资产的大幅增值。

（1）品牌重新定位。品牌重新定位是黄记营销创新的一个方面，以此改变品牌形象，也能让消费者对黄记有明确的品牌认知。作为地区性老字号，黄记在广西一直是知名品牌，但是在省外没有市场，为了摆脱这种尴尬境地，黄记进行了重新定位，主推“家”的概念，用“大月饼”理念宣传老字号的怀旧传承以及爱的信念。中秋吃月饼，代表团圆，用亲情故事打动客户，这种定位赋予了商品更多的人文内涵，不仅有利于巩固原有市场，还能将黄记与其他品牌月饼区分开来。

（2）市场创新。市场创新也是品牌资产增值的策略之一，这里的市场既是指地理范围的市场，也是指有共同购买欲望的细分市场。从地理范围来看，黄记原是地区性品牌，产品主要销往广西和广东，市场容量并不可观，加上华南地区有广州酒家、华美等知名月饼品牌，市场内月饼品牌众多而且强势，因此，黄记从 2014 年起便向全国市场推出黄记大月饼，确定了“走出去”的市场方案，做大月饼的细分市场。据统计，目前全国月饼市场以小月饼为主，特别是莲蓉月饼，占比超过 30%。其中月饼的区域性分布非常明显，南方以莲蓉、五仁月饼为主打，领导品牌有广州酒家、美心、荣华等，北方以豆沙月饼为主打，领导品牌有稻香村等。大月饼的佼佼者是湛江金九大月饼，其年产值超过 3 亿元。所以把市场细分到大月饼，也是黄记的市场创新点。

（3）营销渠道创新。作为连接生产者与最终消费者之间的纽带，营销渠道建设的成功是品牌资产形成的重要前因。在地区性品牌向全国性品牌转化的过程中，黄记实施了营销渠道的创新。第一，建立新的销售通道。黄记除了在传统的商场超市（沃尔玛、华润万家、北京华联等）、便利店销售外，还广泛开拓经销商进行代理销售的渠道。并且利用现代互联网思维，开展了线上销售渠道，如天猫、1 号店、微信等，还有诸如团购这样新潮的模式。如此，黄记建立起符合其产品定位的广泛的销售网络。第二，加强对销售渠道的管理。进行品牌推广和铺货计划。

（4）营销沟通方式创新。营销沟通是黄记品牌建设过程中改善品牌形象的重要举措。这种营销沟通不仅体现在广告等传统促销方式上，还体现在利用网络口碑传播和品牌社群沟通方面。第一，促进品牌联想的广告传播方式和内容选择。在广告费用上，黄记为了拓展全国市场逐年增加广告投入，2013 年以前黄记运用的是零广告投入的传统老字号模式，2014 年新任总经理接手后便开始进行相关投入，2015 年更是在广告方面进行大手笔行动，投入 130 余万元，其中包含展会和硬广费用等。从广告内容方面，黄记广告诉求能让目标市场产生强品牌联想。比如利用百年老店的文化故事打动客户，又比如反映在产品附带的卡片上的人文漫画，广告诉求体现的是怀旧的生活气息，给人无尽的温暖情怀。第二，与消费者的互动沟通。培养消费者忠诚度是黄记营销的最终目标，黄记采取了与消费者多种沟通的方式，以维护消费者的忠诚度。例如定期举办送券优惠活动，联合其他机构进行的爱心送饼活动等，走进社区走近消费者，让消费者有更高的参与度，增强消费者与企业以及消费者之间的互动沟通，为消费者提供一个交流和咨询的渠道，享受黄记品牌的附加服务，体验品牌价值主张。第三，以正面网络口碑促进品牌形象。黄记热心于社会公益事业，给灾区捐款、赞助贫困学生等行为，在网络时代获得了良好的网络口碑，并以其放大效应提升了消费者的品牌认知和品牌联想。黄记每年都会联合当地电视台及报纸等举办送爱心月饼给弱势群体的活动，如送中秋月饼给留守儿童和孤寡老人等，积年累月，黄记借用网络口碑的放大效应，进一步提升黄记品牌的声誉，也使消费者更深刻地体验这个老品牌背后蕴含的民族文化传统。

四、以怀旧传承黄记独特的品牌价值

尽管黄记的发展更多地依靠了创新策略的运用，但这些创新建立在黄记老字号独特的品牌资产上，也就是创新中夹杂怀旧，以怀旧传承黄记独特的品牌价值。

1. 品牌名称和品牌历史的怀旧价值

从品牌名称来看，很多中华老字号都以创始人的名字或姓氏为老字号名称，容易被消费者识别，黄记也不例外。从品牌历史来看，黄记品牌的历史和文化是黄记的品牌精髓，是品牌资产增值的基础。一方面，黄记品牌有 80 多年的历史，是拥有典型传统文化内涵的老字号。另一方面，黄记沿用至今的神秘配方不仅支撑了今天的品牌定位，也容易让消费者对品牌质量产生信任。从品牌情感来看，老字号企业在长期经营过程中所形成的良好声誉和社会认可度往往让消费者对老字号有一种额外的亲近感，加上黄记品牌成长过程中对贫困学生的资助、对灾区的捐助等行为所体现的社会责任感和优良传统，也有效地促进了消费者对品牌的联想。

2. 运用品牌故事深化消费者品牌意识

品牌故事是指关于品牌的象征性故事，既可以是叙述性的，也可以是比喻性的，是有关品牌历史、意义或精神等的描述，而且具有动态性。老字号在几十年至数百年的经营历史中留下不少品牌传奇故事，通过口耳相传，这些故事广为传诵，成为老字号与消费者最宝贵的情感联结，激起消费者的共鸣，深化消费者品牌意识。黄记很好地挖掘了品牌资产中独特的品牌故事，以创始人的个人传奇增加消费者对品牌的认知和记忆，并以消费者喜闻乐见的形式将品牌意义根植在消费者的心中。

五、适当丰富产品内容，增加客户依赖性

众所周知，月饼属于季节性特强的产品类别，集中生产销售在中秋前后，这期间之外的时间如果没有其他产品填补，就会造成资源的极大浪费和市场空白。黄记新任总经理上任之后，便开始开发新产品，如点心类小饼，更是开办了“幸福物语”主题蛋糕店，出品蛋糕、杏仁饼等点心，引进日本公司先进的烘焙技术，研发出适合在中国推广的产品。

六、黄记对中华老字号品牌的发展启示

黄记属于典型的老字号品牌，其发展创新之路对中华老字号品牌的发展有以下启示：

第一，老字号的经营首先要使用现代营销理念，注重创新。老字号要谋求品牌资产的增长首先要解决自身观念的问题，树立消费者导向观念，识别目标群体的需求特点，这样才能依据企业自身实力，采取适合的策略。黄记不断调查客户的需求，寻找产品定位，将客家的大月饼文化推向全国。老字号企业需要更新观念，以消费者为中心，把消费者的意见带入企业内部，根据消费者的需要调整营销策略，使古老的品牌与现代消费者的心理和需求特点相吻合。

第二，着重挖掘老字号品牌的怀旧精髓与创新的结合。黄记品牌推广的着重点在于 80 多年的传承以及大月饼理念带来的家族亲情人文关怀，同时在营销渠道以及产品开发上不断创新。对于许多中华老字号而言，创新和怀旧的结合是最明智的选择，老字号企业如果只求创新，不顾历史和传统，就会浪费已有的品牌资产，导致成本过高；如果只是固守传统，不图创新，则难以适应市场需求。因此，老字号企业需要根据市场和自身条件，确定创新和怀旧的具体结合策略，力求做到既保留历史又开创先河。

第三，充分利用现代传播手段和沟通方式拓展老字号品牌知名度。黄记目前利用现代媒体，跟随网络新时代的步伐，依靠微信、网店、广告、社群等现代沟通方式与消费者互动。中国许多老字号都属于地域性品牌，其品牌的市场知名度也局限于本地市场，在全国范围内的总体知名度很低。这些老字号长期以来沿袭口耳相传的传播方式，不善于利用大众传媒和现代沟通方式，导致品牌知名度低，品牌价值低。对此，老字号应该在确立自己品牌个性的基础上，充分利用互联网和强势媒介加大传播力度，突破地域限制。

视声智能的异军突起之路

本文描述了视声智能的基本背景和发展历程，同时对中国智能家居行业的发展状况和竞争状况做了必要的描述。在此基础上，探讨基于现阶段的行业环境和市场需求，视声智能是如何形成独特的核心竞争力，从而塑造出国内外知名的智能家居品牌。

一、引言

自2008年成立以来，视声集团一直处于高速发展阶段。从2014年开始，公司启动股改计划并着手对接资本市场，拟从资本市场获得充足的运营资本用于支撑企业的经营扩张，进行渠道铺设和品牌打造，进入新的发展阶段。

然而，随着智能家居市场的发展，大量国内外企业进入智能家居行业，以霍尼韦尔、Control4、快思聪为代表的智能家居国际巨头和以青岛海尔、广州安居宅、上海奈博为代表的国内大型企业先后涉足中国智能家居领域，提供家居智能产品和智能控制系统解决方案，智能家居行业群雄并起，要想在市场中占有一席之地变得十分困难。更令人担忧的是，目前智能家居市场产品种类虽多，但产品之间同质化、山寨化问题十分严重，产品功能差别不大，难以真正满足消费者多方面的需求。在如此激烈的竞争环境下，视声集团能否立足于市场需求，掌握核心技术，研发和生产出有别于其他企业的智能家居设备，形成自身的核心竞争力和品牌效应，将关系到企业在行业竞争中的优势与地位，影响到企业的可持续发展。

2015年某天，视声集团董事长朱湘军先生坐在办公室的沙发上，看着桌面上的智能家居行业发展分析报告，陷入了沉思：2015年作为企业至关重要的一年，面对新的市场环境，视声集团应该如何根据企业的具体情况培养自己的核心竞争力，塑造国内外智能家居知名产品品牌呢？

1. 企业背景

广州视声集团于2008年注册成立，注册资本3 000万元。自成立以来，视声本着“为顾客提供最具竞争力的产品和服务，为员工提供最佳的发展空间，成为备受尊敬的国际化企业”的发展理念，在家居、公共建筑、酒店等领域为客户提供智能家居控制系统解决方案和以智能系统为核心的系列产品，致力于打造“节能、安全、健康、尊贵、专属”的智能化居住空间。截至2013年，企业实现年销售收入5 700万元，总资产达3 200万元，拥有员工400多人，自有厂房4 000余平方米，配备4个专业化标准制造中心。

视声集团的销售收入主要来源于产品销售、服务性收费以及衍生产品三大方面。其中，产品销售是企业的主要收入渠道，约占企业总体营业收入的五分之四。销售的产品包括开关执行器、调光执行器、百叶窗执行器、终端类设备、网关类设备、协议转换类设备等产品。在销售产品的同时，公司为客户提供智能解决方案的设计、施工、安装、维护等附加配套服务，协助客户将相关产品应用于智能家居、医疗金融、车载试听等领域，并根据服务的性质和类别收取一定的费用形成附加收入。另外，基于智能产品，视声集团以家居、行车、医疗、金融等为主要经营范围，对企业价值链进行适当的延伸，从事系统化衍生产品的生产与销售，满足特殊行业对智能产品的需求。

作为从事智能家居系列产品研究、开发、生产、销售的高新技术企业，视声集团在公司成立伊始就引进了先进的管理体系，并在多年的经营发展中，在公司的生产管理、研发管理、实验室管理、营销和服务网络管理、资金管理、会计核算、投融资管理方面形成了一整套完整的管理制度，尤其是对于安防电子行业最为重要的研发和销售网络管理方面，在各内控环节，均积累了丰富的经验，形成了一套行之有效的控制体系。

2. 技术引进与研发

视声集团在企业生产经营中极其重视技术的引进与研发。在公司成立伊始便引进欧洲先进的KNX技术，并加入KNX协会成为国际制造商会员，是国内最早投入KNX技术研发的专业公司，到现在已经有近10年的产品研发和市场经验，是目前国内KNX技术产品研发、项目设计、培训咨询等综合实力最强的智能家居生产制造公司。在技术培育开发方面，2011年，公司与广东工业大学自动化学院开展校企合作，成立KNX华南培训中心，组织举办中国第一届KNX导师培训班。2012年，公司成为“广东省博士后创新实践基地”，进一步实现产研结合。视声公司自成立以来，始终坚持产品的自主研发与创新，迄今拥有专利和著作权66项，软件著作权24项，掌握KNX技术及相关核心技术29项。

基于公司在技术引进与研发方面的出色表现，视声集团先后应邀参与《控制网络HBES技术规范　住宅和楼宇控制系统》（GB/Z 20965—2007）、《建筑自动化和控制系统数据通信协议》（GB/T 28847）两个国家标准的制定，并主导国际标准《绿色智能家居与居住控制网络协议》（IEEE 1888.4）的编写制定。

3. 营销模式

公司采取集中化的销售策略，产品定位为中高端市场，价格仅是相同品质国际品牌的60%，具有较大的价格优势。在后续的生产经营中，公司将通过核心技术攻关、产品的量产和成本管理进一步降低产品价格，促进公司产品在终端市场的普及推广。

考虑到电子安防、智能家居的系统性和技术服务在产品安装、运营中的重要性，视声集团在销售模式上选择“直销 + 代理”的模式，即批发型代理、零售型代理、直销中心三种模式，如图 1 所示。

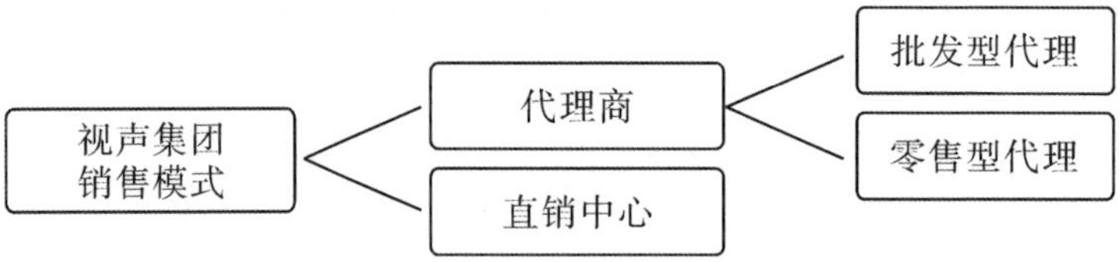

图 1　销售模式

三种销售模式的分析，如表 1 所示：

表 1　销售模式分析

批发型代理	集中公司现有资源，在全国经济较发达地区和市场环境较好的地区设立 40 家代理商，基本实现全国一、二线城市的网点布局和销售、服务的本地化。企业预计在未来 5 年内建立 200 家办事处，为全国各地经销商提供本地化产品、技术和品牌的支持
零售型代理	与恒远兆业、碧桂园、万雅地产、全筑、集美等房地产开发商或者装修公司等零售商合作建设样板房，进行公司智能家居产品的零售
直销中心	与设计院、集成商等进行战略合作，计划在全国重要城市建立 200 家智能家居体验店，培养消费者的消费习惯，在消费者体验产品的同时促进产品销售；与全国范围内的系统集成商建立商业联系，实现企业之间的业务对接，促进 B2B 的贸易销售

视声集团旨在构建遍及全国各主要城市的产品销售网络，实现营销渠道本土化，促进企业产品在全国各省市的销售，扩大企业在全国范围内的市场占有率。目前，视声集团与各地 20 多家大型系统集成商客户建立了稳定的销售关系，在

全国范围内设立代理经销商 30 多家，并与 200 多家工程商保持业务合作关系。

秉承“专业、规范、贴心”的服务理念，公司不仅提供标准化的产品，还根据客户的需求对产品的外观、功能进行个性化设计和生产，为客户的多样化需求提供量身定制的解决方案。在各地设立的办事处，公司配备了经专业培训的技术服务人员，对每个销售项目进行“户籍式”管理，在第一时间响应客户个性化需求，确保每个销售客户能得到具有针对性与专业性的售前、售中和售后服务，从而实现服务网络的本地化、配套化。

为增加产品的吸引力，提供更完善的增值服务，视声集团设立了业内首家专业培训中心，开通培训热线，根据不同客户的需求以及行业技术进步和产品升级的具体情况，每年举办巡讲培训，安排有针对性的课程。培训通过技术研讨、实例分析、产品体验观摩等形式，让客户进一步体验自己购买的产品，增加对智能家居技术的认识，了解最前沿、最专业的智能家居行业资讯。当然，独特的增值服务也会逐步增加客户对视声品牌的认知，培养客户对视声产品的依赖感和忠诚度，提升产品品牌形象，增加客户黏性。

4. 企业未来展望及规划

公司预计在未来的 3 ~ 5 年在智能家居领域市场占有率达到行业前三，在后续的 5 ~ 10 年，成为智能家居行业的龙头企业，塑造国内外知名的智能家居品牌。企业长期目标的发展离不开资金的支持，因此，视声集团加紧筹划新三板的上市工作，以实现与资本市场的对接，同时企业启动首轮融资计划，预期融资金额达 2 000 万元。

如果筹资项目成功进行，公司将获得充裕的资金落实企业的市场扩张计划。筹集的资金将被用于房地产市场拓展、新产品研发、产品推广、渠道建设等方面，以扩大企业的市场占有率，快速提升品牌影响力，具体资金使用计划如下：

（1）房地产市场拓展：联合各地的经销商，免费为优质房地产商的高端公寓样板房和高端别墅样板房做智能控制，加快与房地产商的战略合作，提升公司 K-BUS 智能控制系统在房地产行业中的品牌效应。

（2）新产品研发：招聘更多的技术研发人员，增强企业的技术研发能力；申请用地建设新的集团营运中心，增加企业生产线，优化产品线，满足客户的个性化需求。

（3）产品推广：在 20 个二、三线重点城市（东莞、惠州、长沙、武汉、昆明、成都、太原、郑州、石家庄、苏州、厦门、南昌、杭州、衡阳、合肥、宁波、沈阳、长春、大连、青岛）召开 40 场产品交流会；加大对网络媒体的广告宣传投放和展会推广，通过在千家网、中国建筑电气网、数智网等网络媒体的投放以及在广州国际照明展、全球安防博览会、中国国际建筑智能化峰会等影响力较大的展会设置摊位展示产品，体现公司的实力，塑造视声的品牌形象，以获得更多的社会资源和销售渠道。

（4）渠道建设：快速建立二、三线城市智能家居的渠道建设（200 家办事处），每家办事处配备 2 名技术人员、必要的办公区域和产品展示区域，形成基本的销售能力和服务能力。

二、家居智能行业现状

1. 行业概况

智能家居控制技术的概念最早起源于美国，英文为 smart home。自从世界上第一幢智能建筑 1984 年在美国出现后，美国、加拿大、澳大利亚、欧洲和东南亚等经济比较发达的国家和地区先后提出了各种智能家居控制技术的方案。目前智能家居系统在美国、德国、新加坡、日本等国都有了广泛应用。面对智能家居的巨大市场，像思科、英特尔、北电、摩托罗拉、朗讯、IBM、爱立信和 LG 等公司都纷纷加入这个领域，研发智能信息家电和智能家居系统。

虽然国外有很多公司推出了自己的智能家居系统，但现在智能家居系统仍然没有得到很好的普及，其主要原因是没有统一的标准和协议。智能家居是一个多行业交叉覆盖的系统工程，各设备厂商按照不同的接口标准与协议生产设备，其结果是不同设备之间的互联、互通变得非常困难。

经过多年的发展，智能家居核心技术日益成熟，智能家居用品日渐增加，不同智能用品之间的兼容、互通问题日益成为生产者与消费者关注的焦点，市场对统一的标准与协议的呼声越来越高。国际市场逐渐形成共识，制定一些通用的标准。其中在家居和楼宇控制领域，欧洲三大总线协议 EIB、BatiBus 和 EHS 合并发展而来的 KNX 技术逐渐成为家居和楼宇控制领域唯一的开放式国际标准，且被批准为欧洲标准（CENELEC EN 50090 & CEN EN 13321—1）、国际标准（ISO/IEC 14543—3）、美国标准（ANSI/ASHRAE 135）。

国内对智能家居系统的研究起步相对较晚，伴随着居民生活水平、消费能力的提高及新需求的增长和信息化对传统生活的改变，中国居民对智能家居的需求日益强烈。2000 年是智能家居在中国的一个概念年，随着广播电台、电视等媒体的广泛宣传，中国居民逐渐了解并接受智能家居的概念，部分房地产开发商开始将智能化作为宣传亮点。一些对科技发展动向和市场趋势敏感的科研机构和科技公司开始着手研究和开发相关系统与产品，加入智能家居的开发和应用行业中来。国外的系统和产品以及国内自主研发的智能产品开始逐渐进入中国市场。2003—2009 年，智能家居产品开始小规模应用于市场，但由于市场存在很多不同的标准，智能家居的普及与应用受到严重限制。近三年来，由于国内欧洲KNX总线市场的迅速发展以及国际弱电巨头企业如ABB、施耐德、西门子等大力的市场宣讲与推进，KNX总线成为国家标准（GB/T 20965—2013）。

2. 市场现状

经过多年的摸索，智能家居行业在中国市场获得一定的发展，然而，现阶段国内智能家居市场仍面临着严重的发展瓶颈：

（1）智能家居行业仍没有形成统一的行业标准，智能家居市场种类繁多，但不同品牌与产品之间兼容困难，缺乏基于技术融合策略的智能家居平台，智能家居设备之间难以实现信息交互与兼容。

（2）国产品牌仍未能形成规模化生产，国内品牌与国际品牌相比影响力远远不够，市场占有率不高，未能形成有竞争力的品牌。

（3）功能华而不实，质量与工艺有待提高。智能家居制造企业过度追求产品的功能创新，却忽视了智能设备的实用性，从能看电视的冰箱、能上网的油烟机到能变换色彩搭配的灯泡，功能华而不实，难以真正满足消费者的居住需求。

（4）行业仍处于智能家居探索的迷茫期，行业发展目标不明确，企业仅仅是不断在技术上做简单的加法，企业产品之间的同质化问题十分严重。

（5）智能家居安装、调试复杂，成本费用高，技术专业性强，智能设备的更新与维护十分困难，一般的居民往往很难驾驭这种高技术含量的产品，难以真正实现物尽其用。

（6）缺乏完善的社会合作体系，跨产业合作困难。智能家居的发展离不开家电、IT和系统集成商的密切合作，然而现今智能家居行业还未能与相关行业建立完善的合作机制，导致智能家居系统的发展受到限制。

3. 客户需求及特征分析

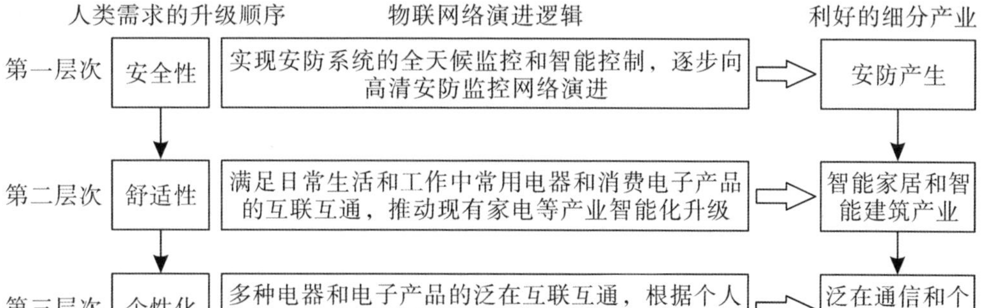

图2　客户需求层次分析

目前智能家居行业消费特征分析如下：

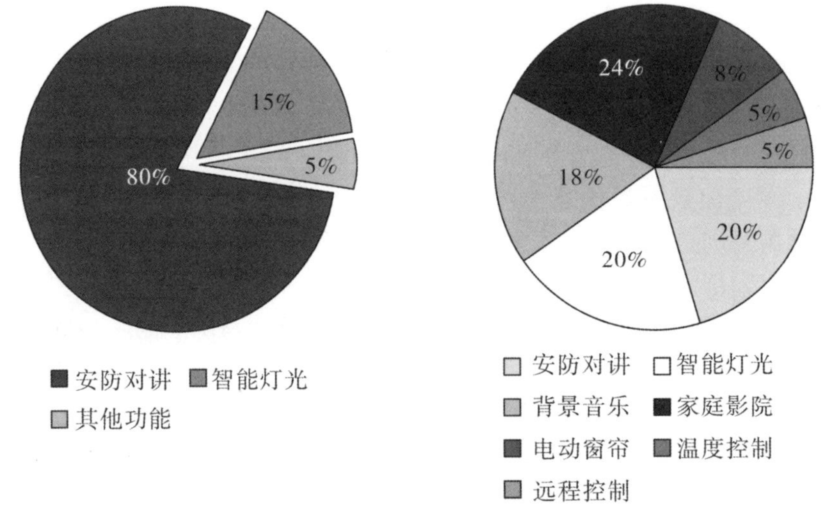

图3 智能家居行业消费特征分析

4. 市场前景

虽然近年来中国智能家居市场“概念红火，实际应用不温不火”的现状并没有发生根本性的改变，但从市场的角度而言，2010—2012 年的智能家居仍然保持了较为稳定的发展速度。特别是进入 2012 年后，成本更为低廉的无线智能家居产品出货量出现较大幅增长，加上主流厂家为推广市场开始逐步降低价格，使得中国智能家居市场的增长率有一定的下滑，但其项目量、产品出货量增长超过 30%。根据国际物联网贸易与应用促进协会的市场调研数据，2010—2012 年的中国智能家居市场已经连续三年保持超过 20% 的增长，其中，2012 年的市场规模达到 24. 9 亿元，增长率为 20. 29%。到了 2015 年，我国智能家居的市场规模达到了 403. 4 亿元，同比增长 41%。预计到 2018 年，我国智能家居的市场规模将达到 1 300 亿元，未来年均复合增长率达 48% 左右。

目前，国内智能家居系统的价格不再“高不可攀”，众多传统综合布线方式的别墅、豪宅项目的价格已经开始下滑，甚至达到 10 万元以内的价格，较之几年前动辄二三十万元的价格，近两年的智能家居系统价格可谓打折幅度颇大。而无线智能家居的价格更为亲民，目前大多数的无线智能家居系统项目成本（以 100 平方米的房子为准）已经可以做到 2 万 ~3 万元，甚至部分可以做到 1 万元以内。这种价格状况，直接促进了国内智能家居行业的发展。2015 年“双十一”的微联产品销量比 2014 年增长了近 40 倍。

随着国内宽带业务的普及，家家户户都具备了部署智能化系统的基础条件，为智能家居行业做了很好的铺垫。而近年来智能手机的迅猛发展，使得人们对智能化应用的接受度也大大提高。整个智能家居行业正不断成熟，市场正不断扩大。同时，以系统设计、安装、维护、个性化开发、系统升级等为主的智能家居服务需求正在不断增大，逐步凸显其市场价值。

从目前市场所反映的情况来看，智能家居的行业认知度一直在不断上升。虽然市场的整体发展仍然集中在东部沿海城市，但已逐步向内陆扩散。此外，随着智能家居系统的价格逐步接近用户心理价位，中低端市场的销售也将被提上日程，并快速促进行业的整体发展。

中国“一带一路”发展战略的实施，将推动中心部新一轮的城镇化建设高峰，中国建筑行业投资建筑面积将会大大增加，进一步推动智能家居行业的快速发展。然而，城镇化是一个缓慢的过程，国内智能家居的酝酿期仍然需要维持一段时间，2016—2017 年才是国内智能家居行业高速发展期的开始，2017 年中国智能家居行业的市场规模将达到 80 亿元。

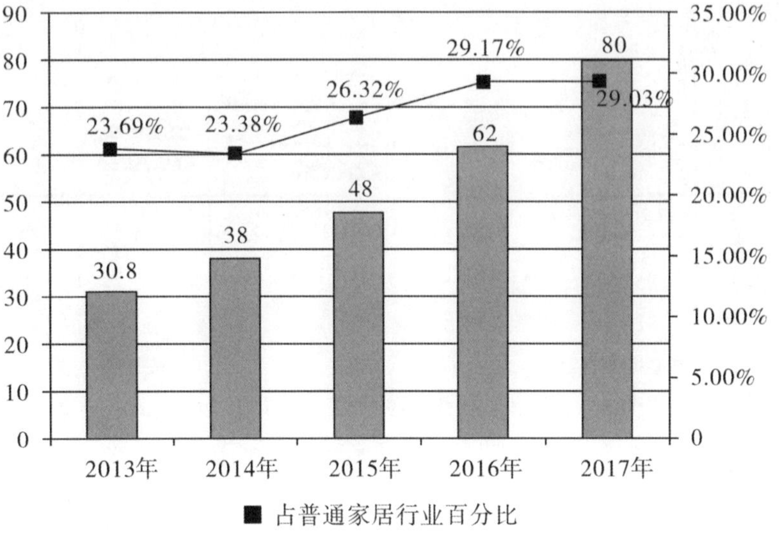

图 4 2013—2017 年中国智能家居行业市场规模（单位：亿元）

5. 竞争状况

目前，基于中央控制系统，智能家居行业大致分为安防系统、通信网络系统、视听终端系统、网络家电系统、照明系统五大领域，各领域的代表性品牌如表 2 所示：

表 2　各领域的代表性品牌

中央控制系统	快思聪、AMX、Control4、霍尼韦尔
安防系统	安居宝、冠林、振威、视得安、慧锐通、霍尼韦尔、KOCOM、LG、TCL
通信网络系统	Linksys、联想、Apple、Nokia、中国电信、中国移动
视听终端系统	CRESTRON、Control4、Sony、LG、B&O、Bose、汉洋丽声
网络家电系统	LG、海尔、TCL
照明系统	索博、瑞朗、波创、普力特、真善美、松本先天下、ABB、奇胜

在中国智能家居行业的每个领域都有国内企业与国外企业进行市场竞争。其中，国际智能家居巨头 Control4、霍尼韦尔在多个领域占有相当的市场，已经形成极具竞争力的品牌效应，而国内的企业大多数只集中在某个智能家居领域，而且海尔等企业是基于原有的行业涉足智能家居的研发与制造的。

就品牌分布与定位而言，每个领域代表性品牌的定位，如图 5 至图 8 所示：

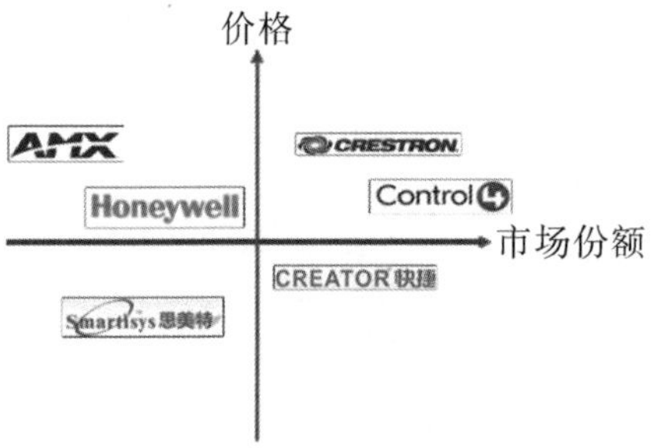

图 5　中央控制系统

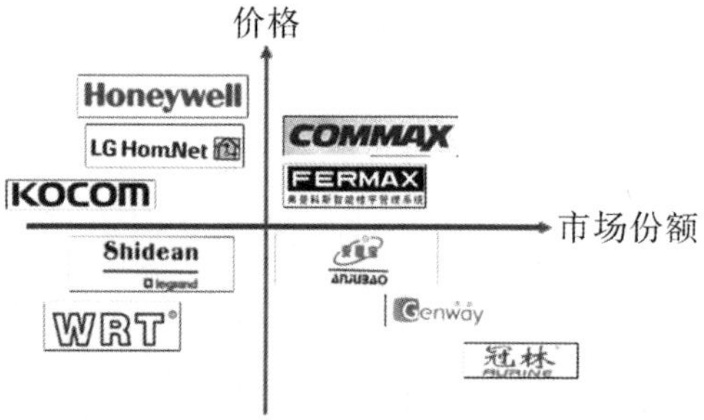

图 6　安防系统

图 7　视听终端系统

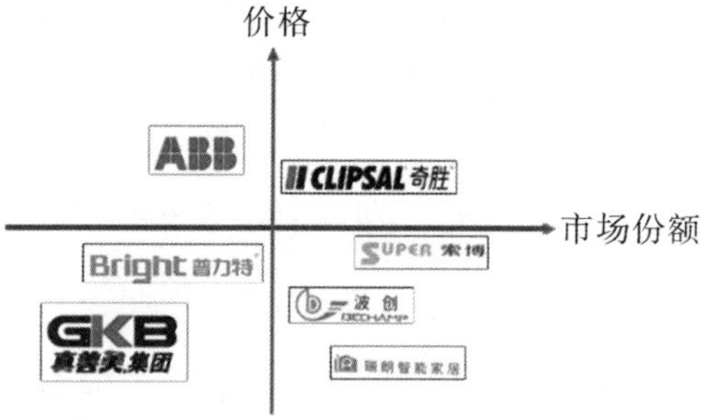

图 8　照明系统

智能家居的每个领域均存在五种以上的国内外智能家居品牌的竞争，各品牌定位于智能家居自身所处领域不同层次的消费者市场，并占有大小不等的市场份额，市场竞争极其激烈。然而，可以发现，无论在哪个领域，都没有占有绝对竞争优势的龙头企业，智能家居行业仍处于群雄割据的状态。

6. 智能家居销售模式

目前，一个从事智能家居行业的企业的典型销售模式主要有零售、房地产两大渠道，其中房地产渠道占整个销售渠道的 80%，零售渠道占 20%。销售渠道具体模式如图 9 和图 10 所示：

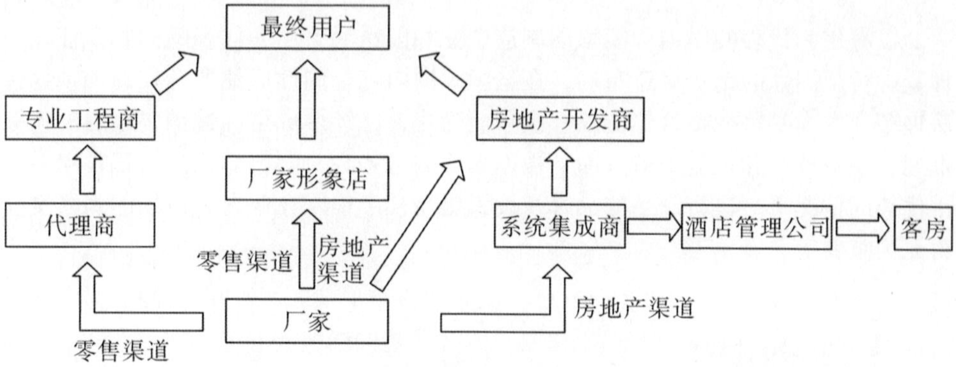

图 9　智能家居市场渠道格局

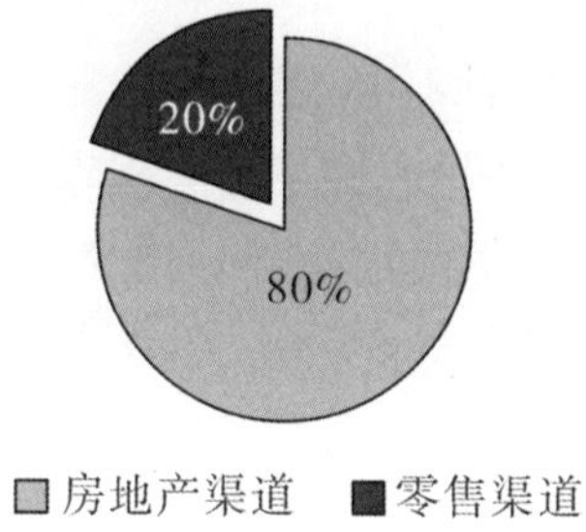

图 10　渠道占市场销售份额的比例

现阶段，智能家居生产厂商的直接客户主要有代理商、最终用户、系统集成商、房地产开发商四种，其中，系统集成商、房地产开发商是最重要的销售客户，房地产市场是目前智能家居企业的主要市场。系统集成商、房地产开发商客户的数量将直接影响智能家居制造企业的销售量与市场占有率。

智能家居行业代表品牌在房地产渠道的现状分析，如表 3 所示：

表3 智能家居行业代表品牌在房地产渠道的现状

海尔	海尔、绿城、世茂、万科、万达、绿地、复地、华润、雅士、宏升、泛海、海诺、保利、新凯、恒安、百祥、千手佛、幸基、宁浦等共计33家房地产开发商
霍尼韦尔	建发、新湖中宝、湘天、合纵、越秀、联华国际、德鸿、上置、华锦、西山汇景、百仕达、金广、天正、万顺、珍贝、华夏、润莱等全国性与地区性房地产开发商

以海尔为代表的国内智能家居制造企业和以霍尼韦尔为代表的国际企业正在加紧进行全国性的销售渠道布局，在全国范围内与全国性房地产开发商和地区性房地产开发商签署战略合作协议。到目前为止，已经形成全国性销售渠道的大致框架，在房地产开发商渠道方面，视声集团的劣势相对明显。在主要销售渠道不占优势的情况下，进行产品的品牌建设，提高视声集团在业内和市场的知名度显得尤为重要。

三、未来的挑战

随着智能家居市场容量的增长和规模的扩大，中国互联网巨头开始按捺不住，通过各种直接或者间接的方式涉足智能家居行业。2014年11月，阿里巴巴和海尔合作研发的智能电视正式上市，拉开了互联网企业与家电企业抱团进入智能家居行业的序幕，随后小米以12.66亿元入股美的，接着又与京东签署渠道共享和智能家居战略合作协议。2015年5月，腾讯宣布战略投资TCL与长虹，剑指智能家居市场。电信运营商、家电企业、互联网巨头纷纷布局智能家居市场，并以各自原有的优势市场为突破口展开竞争。智能家居市场刚刚起步，却迅速形成群雄逐鹿的局面。

视声集团在发展初期着重进行技术的引进与研发，引进了先进的KNX标准并形成自身的技术优势，但是代理商网络和零售店网络的建设由于企业资源的限制未能很好地展开。目前，企业已经有多年的产品研发和市场经验，形成了相应的优势，旗下产品以性能稳定、设备可靠、使用安全获得消费者好评。面对日渐白热化的竞争局面，视声集团将迎难而上，在加大力度投入产品研发和技术创新的同时，也加大渠道的建设和品牌的塑造，形成独具特色的品牌竞争力，让更多的老百姓享受好用、实用的智能家居，成为中国智能家居行业的民族品牌！

幸福世家：幸福养老不是梦

幸福世家老龄产业投资有限公司（简称幸福世家）是专业从事老年产业的投资、管理、运营及服务的综合性企业。幸福世家经过多年的不断摸索、积累，总结出一套适合中国国情的养老经营理念、经营方式和服务体系。本文通过介绍幸福世家的案例，揭示中国未来养老投资产业发展现状和趋势以及以幸福世家为代表的老龄产业的推广意义。

一、引言

伴随着全球的高龄化进程，我国在两次人口高峰的刺激下，也逐步加入了老龄化国家的行列。同时，“4+2+1”的家庭组织结构和未富先老的现状，加剧了我国养老服务体系建设的严峻性和紧迫性。截至2008年，已经在中国养老事业上钻研了十几年的幸福世家老龄产业投资集团董事长徐险峰，终于跨出了他人生最重要的也是最关键的一步——创建幸福世家老龄产业投资集团，率先摸索出一套独具中国特色的养老服务体系，从此也开启了中国老龄产业投资的新篇章。

二、背景介绍

《中国老龄事业发展报告（2013）》指出：截至2013年，我国老年人口数量突破2亿大关，达到2.02亿。庞大的老年人群，滞后的养老服务体系，欠缺的医疗资源，随之而来的焦虑感和隐忧感把养老矛盾逐步激化成为社会的主要矛盾，各种因为养老而带来的社会问题被媒体报道出来。

预计到2015年，中国60岁以上老龄人口将达2.16亿，占人口总数的16.7%；80岁以上老龄人口将达2 400万，约占老龄人口的11.1%；65岁以上的空巢老龄人口将逾5 100万，约占老龄人口的25%。整个“十二五”期间将是人口老龄化加速发展期，我国人口老龄化问题将呈现老龄化、高龄化、空巢化加速发展的新特征。

“双独”的家庭结构会让子女背负重担，城市幸福感从何谈起？老年人的晚年生活如何保障？养老已成为国家和个人面临的重要问题。

三、国内养老现状介绍

1. 巨大的市场需求与现实条件之间的落差

据有关资料预计，我国养老（养生）产业的市场规模约为 1 万亿元，到 2020 年将达到 5 万亿元的市场潜力。以养老机构床位来看，目前百位老人年拥有养老床位不足 2 张，离国际通常认为的 7% 的比例，还有很大的距离。

原中国老龄委办公室常务副主任李本公在 2008 年接受外界媒体采访时指出：中国养老将要面临的一个巨大的问题是，目前 6% ～7% 的老人是在医院度过生命的最后时光。如果要使这一部分老人转移到具有人文气息和关爱服务的老人护理院里得到全面的照料，就意味着中国需要 900 万 ～1 200 万个护理院床位才能满足此需求。但是中国目前只有 170 万个这样的床位。如此巨大的差距是中国目前养老服务不能满足巨大市场需求的一个关键原因。

2. 老龄人口安享晚年的迫切诉求

据上海市社情民意调查显示，对于养老方式，13.1% 的受访老人表示愿意去养（敬）老院；限于经济实力等因素，也有 1% 的老年人能够真正实现“候鸟式养老”。以此推算，即约 40 万的老人愿意进入养老机构安享晚年，而这其中有 17% 的人能接受 1 500 元/月以上的养老费用支出，3 万名老人能实现异地养老。据杭州市有关部门调查，老年人想入住养老机构而没有入住的原因，41.9% 是因为没有合适的养老机构。他们盼望有价格合适、出行方便、环境优美、服务齐全、档次较高的养老机构。

3. 我国养老机构发展现状及存在问题

我国养老机构目前的发展现状能否满足老人们幸福养老的愿望呢？目前至少存在以下四个问题：一是养老院的生活设施不够完善；二是养老院一床难求；三是老人们的精神需求无法得到满足；四是农村养老没有着落。

中国的养老院一般被简单地划分为两种：公办的养老机构和民办的养老机构。这两种养老机构都存在各自的优点与不足。民间出资的民办养老机构设施完善，服务全面，管理健全，但民办的养老机构瞄准的是养老市场这块蛋糕，在提供服务的目标群体上，更多关注的是经济条件比较好的部分老人，大多数收入水平比较低的老人只能望而却步。普通民众无法享受该项待遇，因此民办养老机构无法符合社会的需求，并不适合中国养老行业的现状。公办养老机构有着门槛低、数量大、覆盖面广的特点，但因为中国老龄政策法规体系建设还不完善，存在养老机构设施欠缺、一床难求、服务不到位等诸多问题。

4. 中国养老机构分类

从统计数据来看，大致可以将中国养老机构归纳为以下四种类型：

（1）独立型。独立型养老院是指一个社区划分出来一幢楼或者是几幢楼，这样让老年人集中在一起，不仅可以相互照顾，同时还能在设施方面进行集中的设计修改，保证其更适合老年人的生活习惯。独立型的养老院属于居家式的养老，子女可以随时回来看看或者是住几天，而老人如果有问题，也可以找社区帮忙解决。

（2）服务型。服务型养老院采取的是宿舍的方式，老人彼此之间可以相互照顾。其实这和普通公寓住所差不多，只不过没有闹市里那么多的设施和那么好的条件而已。

（3）护理型。护理型养老院相当于医院和护理院，通常是身体有问题或者是不能自理、半自理状态下的老人的最佳选择。在这里，老人会得到很好的照顾，尤其是生病的老人更是能得到医护人员的救治，也是现代人选择比较多的一种方式。

（4）大型老年综合体养老院。这种养老院的规模比较大，设施和服务也比较齐全，居住环境也很不错，在这方面，国内的发展要比国外更先进。养老院内通常是居住着几十个老人，院内设施可供老人们锻炼，生活设施比较齐全，可以保证老人们生活得更加舒心。

四、企业概况

1. 幸福世家的诞生与成长

山东幸福世家老龄产业投资有限公司创建于 2007 年，位于山东省济南市。早在 2008 年，幸福世家就开始从事养老事业，积累了丰富的经验。其有系统的养老开发模式及运营经验，为当地政府的民生工程助一臂之力，并为当地政府创造了良好的经济收益和社会效益，为当地居民提供了就业机会，解决因就业难带来的社会矛盾。2011 年经中国老龄产业协会秘书处审核、报请常务理事会议确认，公司加入中国老龄产业协会，成为中国老龄产业协会单位会员。

经过多年的不懈奋斗，幸福世家目前已发展为专业解决社会高品质养老事业的引领者，是专注于从事老年产业的投资、管理、运营及服务的综合性公司，业务遍及房地产、金融、教育培训、健康等领域。作为养老投资产业的“领头羊”，公司秉承“引领老年幸福生活”的企业理念，以老年人的高品质需求为导向，建立了多元化的业务发展模式，总结出科学的项目开发体系。

目前，幸福世家在山东省已经拥有相当完整的项目体系，包括两家幸福世家日间照料中心（历下区、天桥区），两家长者日间照料中心（市中区、槐荫区），一个幸福社区和一个老年公寓（怡和园托老中心）以及一个养老综合体——泰山国际养老养生城。其中淄江社区日间照料中心是山东最大的日间照料中心。该日间照料中心分上下两层、四个功能区，即健康服务区、娱乐服务区、生活助老区、品质服务区。健康服务区设立了心理商治室、沙盘治疗室、理疗室等；娱乐服务区设立了大型羽毛球、乒乓球场地，高品质健身房；生活助老区设立了助洁室、熏蒸室、男女浴室等；品质服务区设立了修禅室、老年用品超市等。日间照料中心将通过温馨的布置、一流的设施、贴心的服务，为社区老年人提供文化娱乐、康复保健、短期托老等社区照料服务。同时，中心也设立了居家养老服务信息平台，通过安装“一键通”呼叫器的形式，可以将居家养老服务延伸到每个老人家中。采用最新的运营理念，解决新型城镇化过程中的养老服务保障问题，有效改善民生环境，化解了因为拆迁、失地带来的社会矛盾。

2. 企业精神与养老理念

幸福世家积极继承发扬“幸福、至孝、为善”的中华传统爱老、敬老文化，全方位实现“老有所养、老有所医、老有所学、老有所为、老有所乐”的现代老人生活理念，全力发展老龄产业，为老人提供全面而独到的个性化服务，为构建和谐社会和应对人口老龄化做出更大的贡献，为社会解决养老问题。

公司针对中国特殊国情下的日益老龄化阶段，从老人的根本利益和需求出发，对社会养老问题进行了深度的分析研究，通过与社会各界公益力量的积极沟通，以可持续发展为事业规划依据，探索出一种适合中国国情的社会养老模式——中国居家品质养老服务模式——“小型养老生态系统”。“小型养老生态系统”是根据国外的养老服务体系的发展演变历程，结合我国的相关政策以及国情，研究开发出的一种以社区养老服务为中心点，整合社区社会服务资源，用最短的时间、最小的成本覆盖和抓取尽可能多的老年用户，完成普惠型体系搭建的系统。同时通过平台化运转模式，分散参与者的投资压力，缩短投资者的收益区间，最大限度地提升养老产业投资的核心吸引力。

五、经营策略

1. 运营管理

幸福世家搭建五大战略平台确保公司平稳快速发展，这五大战略平台分别是研发平台、运营平台、投融资平台、人力资源平台、养老产业平台。本案例将就研发、运营、投融资三大战略平台重点分析幸福世家的经营策略。

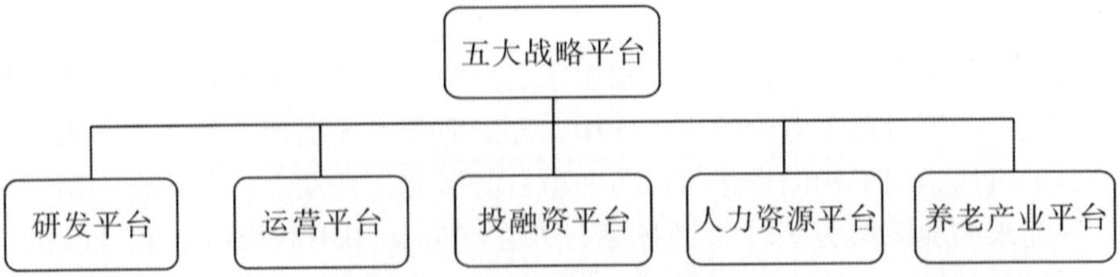

图1 幸福世家五大战略平台

（1）研发平台。幸福世家研发中心组建于2013年初，目前有来自日本、韩国等国家养老产业相关专业的硕士研究生5名，山东大学等国家知名高校相关专业硕士研究生数名，是目前国内为数不多的养老服务研究专业团队，得到了政府领导和社会各界的认可与好评。

研发中心自组建以来参与了众多的养老产业项目开发：幸福世家“五福”养老服务体系开发；泰山国际养老养生城的适老化设计；济南市历下区、天桥区、市中区幸福世家日间照料中心的整体规划设计；肥城怡和园托老部整体规划设计；2013年山东省养老机构的年审测评；山东省养老机构信息管理平台的开发；兖矿集团总医院养老服务保障体系建设；济南市高新区和谐高新幸福相伴养老工程等一系列省市级养老服务项目的研究和开发工作。

同时，研发中心目前正致力于山东省日间照料中心服务体系的标准制定、养老机构运营管理模型的开发、地域环境下养老服务保障体系的建设研究等更多能够服务于老龄产业并为老人提供高品质养老服务的定向课题研究。

①区域内养老服务保障体系规划设计。幸福世家研发中心长期专心致力于养老服务保障体系建设课题的研究，并根据中国养老产业发展的特殊情况以及中国养老服务的具体情况，将课题研究与养老服务的产业化相结合。根据不同养老服务类型，研发出社区养老、机构养老、居家养老等各种类型养老机构的规划、设计、建设模型。

②提供养老服务机构开设的策划和咨询。幸福世家研发中心长期以来，为政府、大型国企以及其他社会各行各业提供多种类型的养老服务机构开设的策划和咨询。幸福世家研发中心善于为不同的养老服务机构量身设计凸显其自身特点和优势的规划方案，并在规划设计建设实施的过程中，为政府企业提供专业咨询服务。

③养老服务机构运营管理。幸福世家研发中心在工作的过程中，将国内外养

老服务机构的先进理论与养老机构的实际运营相结合，摸索运营管理、投资收益、风险管控等多种模型，并在幸福世家的日间照料中心、老年公寓以及养老综合体等项目中多次优化，整理提炼出一套种类多样、涵盖面广泛的养老机构运营管理体系。

④养老服务人才队伍搭建。幸福世家研发中心始终将人才培养作为重点研发的课题之一，通过对养老服务人才任用、养老服务人才培训、养老服务人才定级以及养老机构组织架构的搭建等课题和项目的研究，开发出一套符合中国养老产业实际需求的养老服务人才管理体系，并在实际运用中获得政府和社会的一致好评。

⑤建设养老服务标准体系。幸福世家研发中心始终以为中国养老服务业建立成熟完善的养老服务标准体系为己任。在该目标的引领下，幸福世家研发中心现已研发出各类养老服务的能力认定标准、服务定级标准、服务评价标准、建筑设计标准、环境设计标准等多项从实际出发，符合老年人身心需求的养老服务标准。五福服务体系（老有所医、老有所依、老有所乐、老有所享、老有所为）是幸福世家率先提出的先进服务体系，它涵盖了老龄人群对养老事业的期待。

老有所医：幸福世家长寿系列服务，如长期健康管理服务、医疗保健服务、常见疾病预防、特殊疾病预防、营养缺失改善、意外发生预防、认知预防等。

老有所依：幸福世家康宁系列服务，如医疗陪护、康复疗养、代步代行、代买代购、应急救援、主动问安等。

老有所乐：幸福世家乐怀系列服务，如康乐活动、节庆聚会、休闲小憩、民俗活动、民艺活动、远足休闲、天伦乐活等。

老有所享：幸福世家尊享系列服务，如幸福世家尊享老年计划，金婚、银婚婚礼策划，人生传记回忆录书写，海内外热季游。

老有所为：幸福世家有为系列服务，如特色模拟课程、生涯辉煌再造、幸福世家杯比赛、幸福世家名人工程等。

⑥养老产业分析。幸福世家研发中心通过对国内外养老产业的发展历程及发展动向的分析和研究以及对世界各国和全国各地的走访与调研，结合国家颁布的各项养老产业有关政策，建立出涵盖整个养老产业各项指标的动态模型，预测整个养老环境的发展方向和发展速度，力求引领整个养老产业，真正打造中国第一养老品牌！

（2）运营平台。幸福世家运营平台由具有多年运营实战经验的行业资深人士组成，联合养老研究机构及大学科研单位，如山东大学、暨南大学、中山大学等国内重点大学，创新中国养老产业运营模式，定位中高端市场，整合有效资源，搭建养老产业平台，并实现专业化、标准化运营管控，强化品牌发展战略。

①整合资源推动“互联网＋老龄产业”。创新互联网思维，整合养老产业资源，采用自建自营、共建民营、托管运营等多种方式与政府部门和社会力量密切合作，以新型的护理模式和充满活力的养老方式实现智能化养老。

②创新养老产业运营模式。进行养老全产业链布局，以传统社区养老、居家养老为切入点，以养老公寓、老年社区、养老综合体等机构为支撑，探索出一条最适合中国国情的养老产业运营模式。

③以高品质铸就大品牌。以客户为导向，制定品牌发展战略，多角度、多层面提升产品的知名度，塑造品牌的美誉度、公信力，引领高品质的老年新时尚，逐步将幸福世家打造成为中国第一养老品牌。

④深耕养老产业各板块。幸福世家定位中高端老年群体，充分利用各项资源，在老年社区、养老公寓、日间照料中心、养老综合体等养老产业业态中深耕，达到各业态互为补充、协调发展。幸福世家以卫生保健、产业服务、养老服务、金融服务和教育培训五大板块形成成熟的老龄产业链，如图2所示。

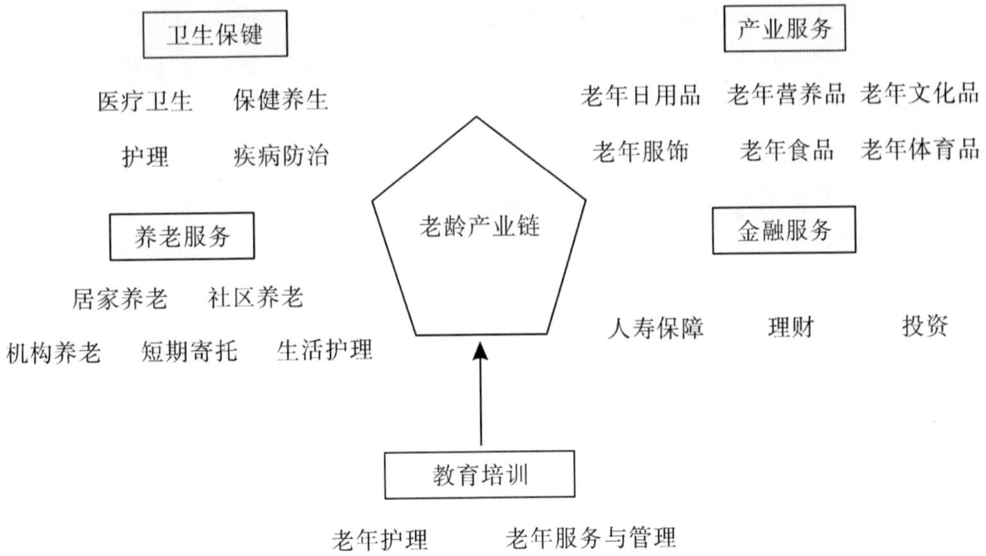

图2　幸福世家形成的一整套老龄产业链

⑤专业化、标准化运营管控。借鉴国外先进养老服务经验，对业态布局、项目规划、适老化设计、设施设备配套、机构运营管理、服务标准、风险把控等进行系统分析和完善，优化各运营环节，实现专业化运作。

⑥强强联手做强做精。做强做精自建养老机构，形成品牌优势与示范效应；与政府、企业密切合作，接管各类公办民营、公建民营、托管运营项目；开展养

老产业平台的招商加盟活动，扩大规模以实现可持续发展。除此之外，在专业技术方面，与香港老年学会、日医集团（日）、北原医疗护理（日）、酒井医疗株式会社（日）、浪潮集团、北京301医院老年健康管理中心等国内外知名企业合作，借鉴国外先进的老年医疗理念与技术。

（3）投融资平台。老年人对个人及家庭财富进行理财规划，不仅是晚年生活的需要，更是一种健康、积极、科学的生活态度。幸福世家倡导“闲钱理财有方，晚年安乐富足”，与各大金融机构建立了长期友好合作，精心为有需求的老年人筛选理财产品，多渠道为老年人实现增值服务，总共包括下列几种类型：各大银行理财产品；信托公司信托产品；证券公司理财产品。公司定期开展新型养老知识培训，根据中国老龄化的实际情况，结合国外成熟案例，定期安排新型“以房养老”知识培训，逐步改变老年人传统的“儿女养老”观念，让更多的家庭、老年群体对“以房养老”有新的认识，逐步打开“以房养老”市场，让“以房养老”群体真正享受新型养老方式给自己带来的巨大便利性、舒适性。

幸福商城主要提供老年周边产品和老年特殊服务。产品包括老年服装、老年住宅、老年食品、老年辅助器具、老年用品；服务范围非常广泛，涉及老年人生活起居、医疗旅游、教育娱乐等方方面面。幸福商城满足了老年人对高层次、高品质生活的追求。

2. 市场开拓

幸福世家旨在打造中国养老第一品牌，由山东向全国推广幸福养老商业模式无疑是明智的选择，对中国的老龄产业将是一次里程碑式的改革。从策略上，幸福世家的市场开拓分为层层推进的三个步骤。

（1）发展实力，打响名气。产品只有被消费者接受，消费者才会“买账”。对于幸福世家来说，正确的市场选择和准确的市场定位是公司领导团队工作的重中之重。幸福世家的董事长徐险峰先生将目光投向了中高级收入老年群体，利用公司的优势打响口碑战。幸福世家的优势非常明显：健全的养老服务产业链条，持续壮大的国际化老年产业平台，快速、有效、可复制的养老服务模式，可操作实施的全球客户服务网络，强大、值得信赖的社会资源等。这些优势使幸福世家积累了一定的市场资源，特别是山东养老产业市场，在当地获得了“2013年度山东省特色企业文化建设50强单位”“2013年度山东省家庭服务业诚信服务先进单位”“山东慈善奖”等荣誉。

（2）积极谋求上市。2013年8月27日，山东幸福世家老龄产业投资有限公司与申银万国证券股份有限公司签订了新三板上市协议，对幸福世家进一步完善资本构成、规范公司运作、扩大市场有着重要意义。目前，证券公司、会计事务所、律师事务所正在尽职调查，根据公司规划，未来将实现新三板挂牌上市，成为中国养老产业第一股。如果顺利挂牌上市，幸福世家将迎来整个公司版图扩大的第二春。

（3）巧妙推广，内外兼修。幸福世家在山东乃至全国建立了骄人的口碑，接下来向全国推广就水到渠成了。但是不得不指出的是，幸福世家在推广策略上十分巧妙。创办深圳幸福世家职业培训学院就是一个一举多得的推广案例。学院倡导幸福世家先进养老理念，配备业内一流的师资力量，开设服务、管理、产业三大类特色专业，并通过集团独具特色的养老服务体系和实践基地支撑，为国内养老产业发展定向培养复制操作性强、理论经验丰富的专业养老护理人员及管理人员。除了为企业培养专业人才之外，学院也可以作为养老投资创业精英的交流平台，进一步扩大公司的影响，拓展社会资源。

经过多年的摸索，幸福世家形成了自己严密、专业的经营体系，并不断将其转化成行之有效的指导理论。与国际接轨，制定中国特色专业化新标准。在与加盟商合作时可以提供运营团队、权威专家、人才孵化、商业平台、管理咨询服务等一整套的经营管理标准体系和企业规划设计，帮助企业回笼资本、创收盈利，此举对加盟商而言，是一颗“定心丸”。

3. 提供给加盟公司的运营管理理论体系

- 项目可行性报告及规划方案
- 幸福世家养老机构功能区规划和工程设计
- 幸福世家全套 VI 设计
- 幸福世家整套人力资源结构体系
- 管理人员和服务人员的专业化、标准化培训和输出
- 幸福世家养老机构无障碍设施设备和相关物品配置标准
- 整套市场营销推广方案
- 托管运营、管理输出及长期管理指导
- 标准化信息管理系统
- 《幸福世家运营手册》，合作方轻松掌握运营管理模式
- 国外先进养老理念、运营管理、专业人才培训
- 国外养老行业前沿技术和管理经验共享

4. 所获荣誉

- 山东省老年产业协会会员单位
- 中国老龄产业协会单位会员
- 山东省老年产业金融养老试点单位
- 山东省首家齐鲁老年人活动基地
- 最具成长力企业

- 2013 年度山东省特色企业文化建设 50 强单位
- 2013 年度山东省家庭服务业诚信服务先进单位
- 山东慈善奖

5. 推广试点

- 幸福世家深圳桂花日间照料中心
- 幸福世家泰安市东湖社区幸福世家日间照料中心
- 深圳亿德福运营管理有限公司

6. 旗下泰山国际养老养生城简介

养老综合体又称为养老生态系统。该项目采用国际最先进的介护管理体系理念，对项目布局、服务体系搭建、营收体系搭建进行全方位的规划和设计。它将规划合理、建设完善的养老空间与设计科学、涵盖广泛的软性养老资源相结合，以时间为养老服务横轴，以老年人需求为养老服务纵轴，通过养老生态系统的有效运转，为老年人提供一站式阶梯形养老养生服务。而老年人在这里，可以实现最大程度的自立和对外界环境最小可能的依赖，拥有自尊、自立的幸福晚年。

（1）项目定位。

①客户定位：面向全国有养老养生需求的中产阶层人士。

②产品定位：以住宅项目为主、商业地产为辅，兼营旅游观光产业。

③主题定位：以养老养生为主、休闲旅游度假为辅的城市综合体。

④品质定位：以欧陆地中海设计风格为主，结合当地元素，打造高品质的一流产品。

⑤价格定位：面向中高端市场定价。

⑥竞争定位：泰安乃至山东省尚无相关成套产品，没有竞争对手。

⑦形象定位：打造老年人的幸福乐园，为中产阶层提供理想的养生之地。

（2）项目运作模式。

①泰山国际养老养生城项目总规划建设用地 103 万平方米。

②公益养老部分所需 20 万平方米土地根据相关政策，分批次每批 10 万平方米由政府划拨到位；龙泰集团成立民办非企业单位“泰山国际养老养生康乐管理中心”，由该中心负责承载公益养老区的开发建设和运营管理，其中 6.7 万平方米用于社会养老的建设，另外 13.3 万平方米面向高端市场，分别用于建设“将军楼”和“教授楼”。

③商业养老部分土地以基准地价或定向出让方式分批次取得，分为四批，第一批 13.3 万平方米，第二批 13.3 万平方米，第三批 13.3 万平方米，第四批 18.7 万平方米。

④泰山国际养老养生城总建筑规模约 150 万平方米。

⑤梨园旧村改造部分，遵循“城中村”改造模式进行开发建设。

⑥项目中的商业地产、医院、学校以及幼儿园由山东鸿信龙泰集团为平台综合运作。

六、结语

“老吾老以及人之老”，幸福世家的养老事业才刚刚起步，它秉承的古老传统注定了它是一项根底深厚的事业。中国人口老龄化的格局迫使像幸福世家这样的产业投资更加奋发于市场的开拓，也注定成就一个这样优秀企业的未来之路。未来幸福世家还打算建立幸福基金，将养老事业推向更广泛的公益化，在为越来越多的老年人带去幸福晚年生活的同时，实现企业自身的完美转型。

用信任引领“安全餐桌”

本文从解决食品安全危机和破局有机农业困境出发，详细描述了广州神田农业有限公司（神农田园）的发展理念、发展历程、组织架构、治理结构与模式、融资现状、经营状况与发展路径等情况，具体分析了神农田园项目的商业模式概念及其创新性，探索出一种保障餐桌安全的新模式。

一、行业现状

1. 食品安全危机的呼唤

毒猪肉、毒大米、毒奶粉、毒豇豆、毒生姜、毒叶菜……食品安全已经成为危害生命健康的大敌，特别是蔬菜的农药残留和肉类的兽药残留，造成婴儿畸形、儿童性早熟等疾病。面对餐桌危险，面对愈演愈烈的食品安全危机，出路何在？解决食品安全危机需要新的模式。

2. 有机农业困境需要破局

解决食品安全危机，非有机农业莫属。但是，以往的有机农业之路异常艰难，不仅因为农业的艰苦难以吸引专业人才，而且因为生产者与消费者之间的信任关系异常稀缺，加之一些有机农业生产者急功近利，以次充好，严重损害了消费者的信任。但是，如果仅仅依靠没有农业科技和管理知识的传统农民，生产不出合格的安全农产品；如果没有会员的大力支持，创业团队很难在短期内赢得消费者的信任。

在这种情况下，一群有共同追求的消费者走向前台挽救餐桌安全。他们从保障餐桌安全的角度出发，同时也怀抱恢复生态、保护环境的公益理想，走到一起来，发起创立神农田园项目——一种保障餐桌安全的新模式。

二、企业概况

1. 发展理念

广州神田农业有限公司（神农田园），以保障餐桌安全为目标，由相互信任的熟人组成会员团体，组织专业团队，按照有机标准（承诺做到“不使用化学合成农药、不使用化学合成肥料、不使用除草剂、不使用激素、不使用转基因品种”）生产安全蔬菜，全面公开透明，全程品质控制，利用快递配送到宅。从安全蔬菜种植开始，打造成熟模式后，还将生产安全的米、面、油、肉、蛋、奶、水果、茶等，让每一位会员真正拥有全食谱的安全餐桌。

2. 发展历程

广州神田农业有限公司（神农田园）是由华南农业大学本科生和研究生团队于2013年6月开始筹建的，同年9月1日签订了4.7万平方米土地承包合同，9月7日团队进驻基地开始做基建并从事生产。10月28日，“神农田园”图文商标被国家工商局商标局受理。11月18日，公司注册成功。12月10日正式开始配送，运营顺利。目前已经发展会员超过580户并实现盈利。会员分布在广州、深圳、佛山、珠海、东莞、阳江、茂名等城市。

3. 组织架构

（1）会员自治机构。神农田园会员选举成立会员理事会实施会员自治、日常监督、推广拓展、会员联谊。其中，监督组负责监督团队的生产过程是否符合有机标准，服务会员是否满意，帮助团队对产品质量进行检测并解决遇到的困难和问题；推广组负责推广神农田园的理念、扩大会员规模；联谊组负责组织会员线上、线下活动，加深理解、促进互信。

（2）生产管理团队。总经理负责公司和项目的整体运营，制定管理标准；副总经理负责生产技术、员工培训，制订种植和养殖计划，协调和落实计划执行，负责生产信息公开，制定种植和养殖标准；客服和财务部负责公司财务工作、客户服务、会员活动策划安排、农耕教育、网店销售等，并制定服务标准。具体如下图所示：

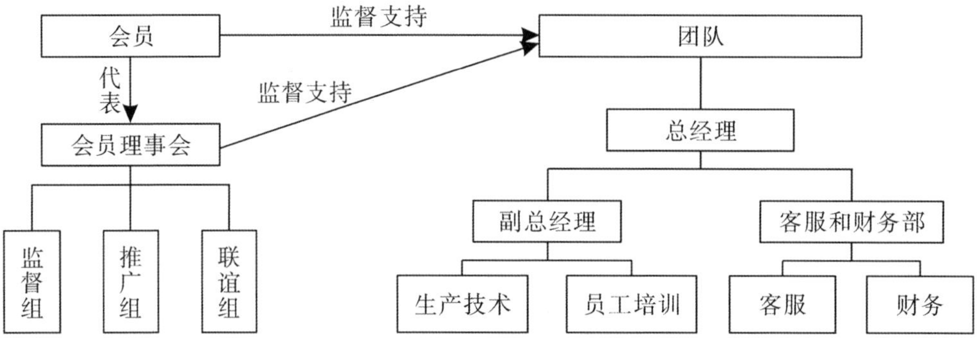

神农田园生产管理团队架构

4. 公司治理结构与治理模式

（1）治理结构。

①生产管理团队。公司生产管理团队是经营者、管理者，负责整个项目的生产管理、技术安全以及配送服务，满足会员对餐桌安全的需求。

②会员。会员通过参加每周的会员活动日，亲临现场考察体验，参与、监督团队的生产活动，帮助团队解决遇到的困难和问题，起到日常监督的作用。组建会员理事会（前身是会员安全质量监督委员会）等自治组织，代表会员监督管理团队的运作以及帮助检测产品质量；推广神农田园的理念、推荐会员，扩大规模，实现盈利；组织会员线上、线下联谊活动，加深理解，促进互信。通过会员微信群这种便捷的即时通信工具，实现会员之间、会员与团队之间的直接、即时、透明交流和密切沟通，把会员自治落到实处，把保障安全落到实处，把会员之间的信任关系、会员与团队之间的信任关系固化、升华。

（2）治理模式。

①创立众协模式。源于众筹，拓展众筹，创立以“协作共治，合作共赢”为主要特征的众协模式，即用商业的方式实现公益的目标，“会员以自治为途径做公益”与“团队以安全为目标做生意”相结合，通过会员与团队的协作共治实现合作共赢，成为公司治理的独特之处。

②会员利益和团队利益的共赢。以“餐桌安全”为目标的创始会员发起设立项目，以众筹的方式提供初始发展资金，类似“创式基金”。团队拥有公司股份。会员支付的会费成为运营资金。会员从做公益出发，既得到安全餐桌保障，又实现保护生态环境的公益理想，通过义务推介分享引入更多会员，共同支持团队实现收支平衡，最终实现盈利，实现项目的持续发展。

5. 融资现状

首先，创始会员以众筹的方式提供106万元作为初始发展资金，类似“创始基金”。其次，367 位会员以支付会费的方式提供 220 余万元会费作为营运资金。最后，该项目在从化这块土地的峰值产量可以供应 550～600 位会员，预计每年的会费收入可以达到 300 万～360 万元，实现整个项目盈利和可持续发展。

6. 企业经营状况与发展路径

（1）企业经营状况。神农田园根据现实国情，创立了新的食品安全保障模式，就是打造“自己人的直供”，在熟人信赖的基础上，重建消费者和生产者之间的信任关系。经过不断摸索，企业已经成功拓展到安全大米、安全家禽的生产。

目前，神农田园租用了 4.7 万平方米土地，可以满足 550～600 位会员的需求，截至 2014 年 10 月 31 日，已有会员 367 位；2014 年 8 月和 9 月，分别实现盈利 1.8 万元和 4.2 万元。10 月，首批鸭子开始配送，盈利能力明显增强。在团队和会员的共同努力下事业发展良好，特别是经历了“5·23”特大洪水的考验，生产全面恢复正常后，团队士气高涨。团队队伍不断壮大，现有管理人员 8 人、工人 15 人。运营初步目标已经达到。

（2）企业发展路径。在积累经验的同时，神农田园团队已经制定出“小而美”农场的管理、种植、养殖、服务初步标准，为实现模式的可复制做准备。通过树立“小而美”农场的统一标准和安全农业的行业标杆，通过自我复制和授权、辅导其他农场加盟，形成产品平台和产业集群，保障更多市民的餐桌安全，带动更多农业从业者从事安全农产品生产、销售，吸引更多资本、人才进入有机农业发展产业链，提高服务水平，降低生产成本。科学清晰的发展路径将带领企业稳步成长。

三、企业商业模式及商业模式创新概述

1. 商业模式概念

商业模式是指为了实现客户价值最大化，把能使企业运行的内外各要素资源整合起来，形成高效率的具有独特核心竞争力的运行系统，并通过提供产品和服务，达成持续盈利目标的组织设计的整体解决方案。一个完整的商业模式由三个要素构成，即独特的客户价值主张、独擅的资源与能力和独享的营利模式。

2. 商业模式创新概述

（1）客户价值主张。

①独特的客户价值主张。神农田园的价值主张就是追求餐桌安全——“安全直供，神农田园”。食品安全危机频发，餐桌安全令人担忧。食品安全已经成为

最受关注的民生问题之一。但是面对食品安全危机，我们能想的办法太少了！原因是，面对如汪洋大海的小生产者，面对无数规模小、能力弱的农业生产者，面对农业的巨大风险、微薄收益，即使有免征农业税、增加农业补贴等诱人条件，结果资本还是却步了，人才还是后退了。解决全部食品安全问题是一项复杂而艰巨的任务，而“小而美”农场找到了出路。神农田园项目将目标定位在“餐桌安全”，先从会员一日三餐必不可少的蔬菜做起，严格按照“五个不”，即“不使用化学合成农药、不使用化学合成肥料、不使用除草剂、不使用激素、不使用转基因品种”的标准生产安全蔬菜，全力确保产品安全，从而赢得会员的坚定信任。随着模式逐步成熟，不断扩大产品品种，现在已经成功扩大到安全大米、安全家禽的生产。

②实现价值主张的途径。实现价值主张，主要从以下几点入手：

聚焦目标会员。基于有机农业的高成本，神农田园并不致力于解决所有人的餐桌安全，而是将服务对象聚焦到特定的消费群体。通过先期调研和一年多的实践检验，会员群体要拥有以下四点共同特征：一是崇尚健康，对食品安全有较高要求，对餐桌安全有共同追求，对安全健康食材愿意支付较高费用；二是收入较高，按照会员套餐的价位，每月平均只需要支付 375 元或者 750 元，即可享有安全蔬菜套餐，这个价位对于中等以上收入的家庭来说不算较大的负担；三是生活规律，三口之家和多代同居的家庭，经常在家开火做饭；四是热爱公益，对恢复生态、保护环境有较强自觉性，愿意通过自己的消费行为促进环境的改善。在珠三角发达地区，符合上述条件的目标会员群体不是一个小数目，因此，神农田园的发展空间巨大。

重建信任。解决安全蔬菜的种植难只是第一步，真正决定项目成败的是信任关系。蔬菜仅从外观、口感等方面是不容易判断出安全与否的，而通过认证、检测建立信任关系，即使不考虑高得惊人的成本，也会由于第三方机构频频爆出公信力危机，其认证、检测结果受人质疑。当下，没有适合“小而美”农场发展的环境。不迅速解决信任问题，即使种出安全蔬菜，也不可能使这些安全蔬菜出现在人们的餐桌上。神农田园把项目定位为“自己人的直供”模式，就是基于对中国社会传统信任关系的把握，大家比较相信熟人的推介，因此，项目就从经过长期检验的熟人信任开始。实践证明这个方式是正确的，通过熟人口碑传播，不仅缩短了建立信任关系的时间，而且大大降低了推广费用，在较短的时间内就实现了会员规模的快速扩大。信任危机是有机农业发展的头号障碍，而神农田园通过熟人信赖起步，建立全方位的安全保障措施，仅仅用了一年时间，就让重建信任取得了重要成果。团队委托第三方进行的 2014 年度会员满意度调查中，会员对神农田园蔬菜安全性的认可度达到了 91.2%。

即时沟通。人与人之间的信任关系，除了已经具有的熟人关系外，还要加大沟通频率，把熟人的熟人也变成熟人圈的组成部分。神农田园充分利用微信这一高效、便捷的即时通信工具，实现了会员之间、会员与团队之间的全天候即时沟通。目前的三个会员群，共有超过580位成员，形成了共同的群定位，把群的功能定位为会员服务平台、搜集监督信息平台、会员交流平台、会员自治渠道。由会员理事会和团队成员在各群值班，引导讨论，交流信息，形成共识，推动发展。这让会员群真正成为一个为了追求餐桌安全，通过会员自治，共同面对问题，共同解决问题的社区。

八重安全保障：

第一，基地优良。选择从化作为基地，土壤肥沃，化学物质含量符合有机种植标准；水源清洁，流溪河水是广州的饮用水源；空气洁净，没有工业污染。

第二，团队专业。由华南农业大学蔬菜学本科生、研究生领衔，从化资深菜农组成的有机生产团队，富有理想、勇于担当，学养深厚、技术全面、经验丰富，堪当此任。

第三，恪守标准。严格按照有机种植标准组织生产，做到“五个不”，即“不使用化学合成农药、不使用化学合成肥料、不使用除草剂、不使用激素、不使用转基因品种”。保证“三当”，即“当地、当季、当时”。当地主产品种，不外购；当季主要品种，无反季；当时成熟品种，不催熟。在种子选择上，严格技术把关，严格审核供应商资格，确保非转基因、非包衣污染种子。在肥料安全上，坚持自制堆肥和选择信誉良好厂家的成品肥，堆肥未检出寄生虫、卵。在种植管理上，严格把关，绝不使用化学合成农药、化肥、除草剂、激素。在配送过程中，从农场到餐桌直供，避免运输环节污染。

第四，严格检测。一些有检测条件的会员会不定期将收到的蔬菜进行检测，并将结果公布给所有会员。团队也会不定期委托专业检测机构进行检测，并把结果全部告知会员。

第五，全程透明。用自媒体的方式把所有生产过程详细记录下来，在网站、微信、微博、博客中公布，保证产品源头可追溯。坚持“会员的质疑到哪里，公开就进行到哪里”，从最初的表格式日志，发展到图片式日志，又增加了配送日志、配送小结、月度配送品质服务小结等。目前，日志已经不间断发布超过一年，发布样式已经成为同行的学习样板。对会员提出的疑问，随时解答，即使是私信反映的问题，也在微信群中公开答复。还通过组织每周的会员活动日和会员子女夏令营等方式让会员近距离监督。

第六，视频监控。在大棚安装5个摄像头，24小时不间断即时监控，视频同时在网站公布，会员随时可以打开视频了解现场情况。

第七，自治监督。会员既可“微服私访”，也可以在每周会员活动日，对生产过程进行监督。组织会员理事会，通过现场监督、查看日志、观看视频等方式履行监督职责，对会员负责。截至2014年10月31日，据不完全统计，会员及亲友到现场监督1 379人次，其中会员理事（安监委员）到现场监督82人次。

第八，媒体监督。用自媒体的方式吸引媒介关注，让社会公众了解神农田园，是实现全面公开、接受监督的新途径。

品质优良。神农田园产品直接由农场配送到宅，让会员可以尽早收到新鲜、营养不流失、健康、高品质的安全蔬菜。某些当季或品种特殊的蔬菜产量不高，或保质期短，通过公司的商业模式，会员可以有更加多元化的食物选择。

价格适中。由于不采用昂贵的有机认证的方式赢得信任，直接将蔬菜销售给会员，减少销售渠道层层累计的成本，因此可用明显低于有机食品市价的优惠价格提供给会员。在广州市场，有机蔬菜的平均价格是20元/斤，神农田园蔬菜配送到宅的会员价平均为15元/斤。如此，会员可以买到比市价更超值、更放心的安全蔬菜。

支援“三农”。活络当地农村经济，增加当地农民就业机会，农民不再担心从事农业生产丰收不增收的风险，通过当农业工人获得稳定的经济收入。会员在与农民的直接互动中，更加了解农业的不易和农民的艰辛，更加珍惜劳动和食物，促进了市民与农民的认同感与凝聚力，创造互助互爱的和谐文明社会。

倡导公益。在会员中形成广泛共识：选择加入神农田园，不仅保障餐桌安全，也是在通过自己的消费行为，为恢复生态、保护环境、造福子孙做贡献。有了这样的共识，会员就会主动自觉向其他亲友、熟人大力推介，让更多家庭的餐桌安全，让神农田园的事业兴旺发展。所以才会在一年时间，其实现会员数量达到收支平衡的规模，而许多同行苦苦坚持数年都还难以达到这个目标。

（2）资源与能力。

①独擅的资源和能力。会员与团队、会员与会员之间相互服务。会员信赖稳固，深度参与。神农田园起始于熟人信赖，形成会员之间、会员与团队之间的良好互信与协作，构建出的良性社会生态系统，构成了较高的竞争门槛。团队专注生产管理和服务，会员通过各自的社交圈传播和推广，这种低成本的营销手段虽然发展速度较慢，但有利于团队滚动发展，构建良性的低投入、低成本的高效可持续的发展模式。会员把自己保护生态环境、造福子孙后代的公益理想寄予神农田园平台，所以能够自觉无偿地为团队提供大量支持。深度参与，诸如提供品质检测、提出合理建议、理顺财务管理、改进包装物流、畅通社区沟通等，大大降低了农业创业的风险。

团队专业诚信，勇于担当。任何伟大的理想最终要靠人才去实现，神农田园的模式能够发展顺利，应当将主要功劳归于公司中“80后”和“90后”大学生、研究生组成的团队。团队成员富有理想、敢于担当，专业扎实、勇于实践，刻苦实干、诚信笃敬，赢得了广大会员的认可和充分信任，不仅为会员提供了餐桌安全，还让会员钦佩不已，为社会提供了难得的正能量。

运营规范透明，赢得信任。在管理上，严格守法经营、关心农友；在种植上，科学计划、井井有条，恪守标准、严守底线，全程公开、全面透明，诚实运营、有错必纠；在服务上，真诚听取会员意见，在会员群、自媒体上公开回复，从不隐瞒。神农田园从开始播种的第一天就每天公开生产日志，即使在春节放假期间，也依然坚持。其后又开始发布配送日志、配送小结、月度小结、养殖日志，还对种植计划发起会员投票。在创园一周年之际，委托第三方发起会员满意度调查，全面了解会员意见，充分落实会员民主和会员自治。这种公开透明已经成为行业的新风尚，一批农业从业者跟进学习这种方式重建信任。

经验积累全面，形成标准。在创园之初，团队已经具备深厚的学养，在从化一年的艰苦实践磨炼，不仅对当地的气候、土壤、病虫害等规律了解全面，而且通过种植100多种安全蔬菜，把适合珠三角种植的各类蔬菜几乎全部亲自实践了一遍，积累了丰富的经验。再通过集体讨论，把这些经验上升到理论高度，总结出适合珠三角自然条件的安全蔬菜种植经验，超越了之前人们的实践探索，并且形成了“小而美”农场的管理、种植、养殖、服务标准体系，成为珠三角地区发展有机农业、安全种植的重要实践依据。

②鼓励复制、模仿，形成产业集群。在发展过程中，神农田园团队深深感到有机农业的各种困难，深知没有大环境的根本改变，保障餐桌安全之路异常艰难。因此，虽然历经艰苦，但是最终摸索出了“小而美”农场的发展经验，并制定出一套符合实际的管理、种植和服务的标准。同时，神农田园团队对有志投身新农业的同行采取开放共融的态度，竭尽所能将经验传授给同行，尽力帮助同行减少弯路和提高种植、管理、服务水平。神农田园这样做主要考虑到以下五个方面：

扩大有机农业市场。创立神农田园的价值就是为了保障餐桌安全，团队的初心就是为了保障餐桌安全，因此凡是能够让更多家庭实现餐桌安全，神农田园都愿意无偿提供帮助。只有更多的人接受并习惯消费安全农产品，才能让这一行业真正发展壮大起来。有机农业市场的扩大才会给神农田园创造更多的稳定需求。

传播有机农业理念。有机农业不仅是为了获得安全的农产品，更重要的是保护已经被传统农业破坏的生态环境。让所有的人用纯公益的方式保护环境很难持久和扩大，只有从改变其消费理念、认同有机理念出发，才能让更多的人自觉参与有机农业。因此，只有让更多有志于从事有机农业的同行通过借鉴神农田园的经验，降低进入门槛，才能扩大有机农业的传播范围，才能为有机农业的发展营造更加适宜的环境。

输出良好品牌形象。神农田园要成为行业的先行者、“领头羊”，必须善于通过开展合作、培训、共建，输出神农田园的标准、品牌和经验，用更多实践者的成功证明神农田园经验的可行，让神农田园标准成为行业的主导标准。

构建行业合作平台。成熟的标准体系，让神农田园的自我复制扩大更加容易，通过合作、加盟，让更多从业者使用神农田园的标准，就能够发起组织有高度信用的合作平台、产业联盟、协同组织，形成共同的行业标准和规则，营造更加公平良好的从业环境。

形成庞大的产业集群。有机农业产业的规模扩大，必然吸引更多上下游的种子、肥料、保鲜、包装、运输、配送、餐饮、保险、金融等企业参与进来，形成产业集群，提供更加高质、高效的配套服务，降低行业运营成本，扩大市场规模。这种思路也是对改革开放近40年来专业镇发展产业集群的经验的有益借鉴。

(3) 营利模式。

①独享的营利模式。整合各方利益，就是“会员做公益+团队做生意”。第一，会员的利益。核心利益是餐桌安全，其次是保护生态环境。会员一般都有自己的事业、工作，就是怀着追求餐桌安全的目标汇聚在一起，当然希望神农田园不断壮大、持续发展。而安全农业毕竟还是农业，并且是更艰苦的农业，农民不肯参与、资本选择回避。所以会员自然会秉承“从我做起，利人利己”的公益心，主动帮助团队克服困难，共同推动发展。特别是自觉主动地传播、推广，吸纳更多的会员加入，才能实现收支平衡，才能保证以较低价格获得安全的农产品。而只有吸纳更多会员，才能实现团队有较高收入、农友有较高待遇，才能保证神农田园的团队能够有持续的动力，才能吸引更多人才加入神农田园的事业。另外，由于会员不是股东，与神农田园的经营收益没有关系，在向外推广时更加心怀坦荡。这种和谐关系，保证了项目的推广成本可以降得很低，最终为项目的成功和扩大赢得了更大空间。第二，团队的利益。团队尽管也有公益心，但是，毕竟是创业团队，神农田园是他们唯一的收入来源。所以，他们面临着经营压力，必须按照市场规则，满足会员需求，进行成本核算，最终获得较高收入和分红。基于此，团队会依循会员和会员自治组织的要求，严格按照安全标准生产，虚心接受会员意见，努力改进品质和服务。另外，当项目实现盈利后，团队还会将一部分收益用于扩大生产规模、改进生产条件、购买更多农机、提高员工福利等方面，体现收益归会员享有的特点。

总之，用“会员做公益+团队做生意”的模式，就可以把会员的利益（获得安全蔬菜、保护生态环境、项目持续发展）与团队的利益（获得较高收益、项目持续发展）紧密结合起来，实现神农田园的不断壮大、持续发展。实践证明，这个利益共享模式是可行的，在基本没有投入宣传推广费用的情况下，神农田园的会员规模发展到了约580位，成为同行业中发展最快的范例。会员深度参与项目的实施。尽管会员提出的意见不少，但是快到一年时，几乎全部续费预订了下一年的套餐。

②盈利数据的测算。神农田园于创业初期共筹集启动资金106万元。蔬菜定价为15元/斤，不分种类。此定价是根据成本预测，参考市场价格和同行价格而确定的，比市场价格和同行价格都低。产品均为年度套餐，分为两种：第一种是9 000元套餐，为100箱蔬菜，每周配送2次；第二种是4 500元套餐，为50箱蔬菜，每周配送1次。所有配送蔬菜只有一个标准量，为6斤蔬菜，不少于6个品种。截至2014年10月31日，共有会员A套餐（9 000元）104位，B套餐（4 500元）263位，共收到367位会员预订费用211.95万元。2014年8月开始首次盈利18 690元；9月盈利4.2万元；10月开始配送首批鸭子，虽然10月由于管理层决策失误停送了一次，当月少配送了近230份蔬菜，但是鸭子带来的收入减少了失误带来的损失，10月当月亏损4 159元。从成立开始至2014年10月31日，神农田园累计配送14 804箱蔬菜和大米，每箱蔬菜、大米均为90元，配送38只鸭子，每只鸭4～5斤重，售价225元，主营业务收入累计约134.1万元，总成本191.2万元，项目亏损约57.1万元。按照过去一年的会员成长状况，我们计算出平均每月增长29位会员，每位会员平均每月配送5.2箱蔬菜。按会员过去一年所选的套餐总数（A套餐为9 000元，B套餐为4 500元）进行分析后，A、B套餐平均值约为6 750元。2014年11月—2015年6月，在不包含养殖鸭子所得收入的情况下，主营业务收入增加186.3万元，扣除成本120.4万元，总的净利润达到65.9万元，弥补之前亏损的57.1万元，整个项目实现盈利8.8万元。神农田园团队相信通过前期试养鸭子和配送的成功，整个项目实现盈利会加速。

随着生态的修复，神农田园的产品线可逐步扩大，例如：神农田园培育的蚯蚓、自制的有机肥料和有机泥土都可以制成商品出售，用交叉补贴的方式，盈利空间还可以进一步扩大。在其他同行运作多年基本都还在为实现收支平衡苦苦拼搏时，神农田园创园一年的时间，即实现收支平衡，不到两年实现整体盈利，无论是盈利速度还是盈利规模在同行中都还没有先例。

我们有理由相信，在不远的未来，神农田园的创业之路会迎来经济效益和社会效益的双丰收。

附录一　暨南大学 EMBA 课程体系

一、商战特训

户外拓展训练以培养学生合作意识与进取精神为宗旨，利用自然环境和模拟商业实战环境，通过各种精心设计的游戏活动和分组对抗，在解决问题、应对挑战的过程中，使学生达到“磨炼意志、完善人格、熔炼团队、创建团队精神”的目标。

二、心智模式调试

现代儒商是志存高远，义利并重，修身养性，勇于竞争和善于竞争，具有全球化视野和创新精神，把中国国学智慧和西方现代管理学知识融会贯通，追求和谐发展的新一代华人企业家。暨南大学独立开发的“心智模式调试”是通过对儒家文化的阐释，建立领导者的宏观管理能力，实现领导者自我心态的控制的教育方式，从而引导学生形成对外部世界和内部自我的新型认知观。

三、社会主义经济理论与实践

本课程以世界经济的结构演化和中国社会主义经济发展的主脉络为主要分析对象，系统地讲述了世界经济演进的趋势，并且从中发现中国经济增长和企业发展的机遇与挑战。课程旨在使学生充分认识经济全球化和新经济周期条件下的中国产业发展趋势和企业面临的挑战，拓宽学生的宏观经济视野并提高其微观分析决策能力，使其主动地把握世界经济中的各种结构性变化以及中国改革开放以来各个阶段的历史性机遇。

四、管理经济学

管理经济学是一门帮助企业家在激烈的市场竞争环境中制定科学、有效的经营决策的应用性经济学科。本课程针对企业经营与竞争实践中的决策问题，从经济学角度将这些决策问题纳入一个系统的分析框架，并阐明如何将经济学原理应用于企业的经营决策中。本课程主要内容包括两大部分：一是针对企业经营环境，对市场需求和运营成本进行分析，探讨商业模式的构建及其成败关键；二是针对不同市场中的竞争，分析企业的定价、产品差异化、产能竞争和市场进入与进入遏制等竞争策略，探讨企业在产业的“洗牌”中胜出的关键因素。

五、商务英语与沟通

本课程着眼于现代国际商务交往过程中所需的商务知识，帮助学生提升在实际商务环境中的英语听说能力，训练基本英语写作能力，使学生全面提升自己的商务修养及掌握实用的商务知识体系。

六、新战略管理

围绕企业战略的中心命题，剖析战略分析所涉及的环境、使命、实力三个前提假设，讨论战略形成需关注的持续经营优势构建、业务演化路径选择、竞合互动关系处理等实践主题，研究与战略实施相关的决策、变革、激励三类支撑行动，讨论如何协调兼顾企业生存的方向正确、运作高效、心情舒畅这三者的跨期动态平衡问题。

七、公司治理

在企业改革实践的呼唤下，公司治理的研究领域从单一问题逐步向多学科交叉领域扩展，涉及管理、经济、法律、社会等诸多学科。本课程的目的就是为了适应公司治理实践的需要，不仅要取得理论及实践上的重要成果，而且需要培育出一批能将理论与实践相结合的现代公司治理人才，以适应公司发展的要求。

八、领导艺术与企业文化

在经济全球化的浪潮中，在知识经济方兴未艾的新世纪，现代企业面临着前所未有的机遇，也同样面临着前所未有的挑战。在新世纪怎样才能带领所属群体、组织顺应时代趋势，应对挑战抓住机遇，创造优良业绩以实现持久的生存与发展，这是值得每一位企业领军人物深思的问题。本课程以现代领导理论为支撑，在深入分析当代企业所处的时代环境的基础上，结合国内外相关案例，对现代企业领导所涉及的方面进行系统阐述。

九、企业社会责任与商业伦理

本课程专为 EMBA 学生设计，根据企业高层管理人员的需要，探讨企业竞争最本质的问题：如何通过打造优秀企业文化来提升企业竞争力；企业决策中如何把握伦理准则，在此基础上如何成为一个卓越的企业领导人？通过对企业文化及其相关理论和实践的探讨，着重把握三个主要环节：是什么、为什么、怎么做。在学习本课程后，学生可以掌握企业文化的基本概念和理论框架、企业文化的创建步骤和策略、企业兼并和收购中有效的文化融合、企业决策与运作中所应把握的伦理原则，以及在当今知识经济时代如何成为一位卓越的企业领导。

十、商法与商业环境

本课程是指导学生把握商事活动的对内和对外关系最基本的制度规则，为学生制定理性、科学、有效的经营管理决策提供法律制度支持。课程内容包括商法一般理论，商主体法（以公司法为核心），商行为法（以合同、担保法为核心），商金融法（以证券法、信托法、保险法为核心）等。

十一、经理人会计

掌握会计学的基本原理；理解财务报表的基本知识；可以对财务报表进行初步的定性和定量分析；掌握运用财务报表进行投融资分析的一般原理；掌握企业内部控制的一般原理。以财务报表为核心，辅之以各类典型案例，系统讲授会计学和企业内部控制的基本原理和实务操作，使学生可以初步掌握会计学和企业内部控制的基础知识，以帮助其更好更高效地进行企业管理和资本运作。

十二、资本运作与公司财务战略

在全球经济一体化的浪潮中，在金融衍生产品层出不穷的时代里，现代公司的财务管理被赋予了更多的内涵和意义，且已成为强化公司治理和实现企业价值最大化的主要手段。本课程以投资学的资本市场效率假说、投资组合理论、资本资产定价模式和套利评价理论为理论支撑，对公司理财的几个方面进行介绍。

十三、金融市场与资本运作

金融市场是现代经济发展的重要保障，它为公司、政府等经济主体提供了融资的便利。金融市场当中又存在各种不同的市场与机构，他们的资金来源、经营管理、金融监管以及业绩表现各不相同。但是，1999 年美国《金融服务现代化法案》出台之后，不同金融市场与金融机构之间的限制不再被严格区分，金融机构的经营越来越多元化。本课程的目的就是介绍与借鉴发达国家的金融市场发展的经验，并进一步探讨我国金融市场不断走向完备过程中的特点、机会与投资组合策略。

十四、组织行为学

帮助管理者明晰个体行为、群体行为、组织的心理和行为规律、组织的社会环境状况，从而提高管理者对人的行为的预测和引导能力。探讨如何实施有效的员工激励和科学的绩效考评，深入揭示管理者在人才战略中面临的主要误区和对策。

十五、战略人力资源管理

本课程通过学习人力资源管理的有关概念，力图使学生了解人力资源管理与人性假设的关系，同时掌握理性思维和科学分析的主要方法与工具；掌握人力资源系统的概念，熟悉系统主要内容以及各部分间的相互关系；在制定人力资源战略时，能认识和把握其与公司市场战略的关系，使之为公司整体战略服务；掌握有关激励、绩效评估、人员流动管理、组织设计、企业文化和制度建设方面的基本概念和技巧；结合中国国情，分析和讨论当前人力资源管理中的重大问题。

十六、运营管理

本课程是专门为 EMBA 学生开设的关于运营管理的课程，试图为学生提供一个关于现代生产作业管理理论的全面的框架体系。本课程的重点在于作业系统设计、计划和控制方法的应用，为企业高层管理人员提供一些关于现代企业运营管理的知识，从公司运营角度为战略制定提供帮助。

十七、数量分析与管理决策

数据模型决策作为 EMBA 的一门核心课程，考虑到了各行各业的管理者，无论是在国有企业还是在外资企业，也不管是在生产行业还是在服务行业，都必须具备数字信息处理的能力，能够利用数据信息得出正确的结论，并在诸多的策略中选取最优的策略。数据分析、模型建立、策略选择是一个完整的过程。

十八、信息管理

日新月异的信息技术及其在企业管理中的作用和潜能已越来越明显，如何真正有效地从信息技术投资中获得收益，不只是简单地购买一些最新的计算机和网络设备，更重要的是企业如何进行有效的信息系统管理。本课程是为高层管理者开设的全新的现代企业信息管理课程。目的是通过系统地学习现代信息系统管理的有关概念和方法，通过重点案例的分析与研讨，帮助 EMBA 学生了解并掌握企业是如何利用现代信息技术和信息系统实现企业的战略变革的，从而构建企业可持续的竞争能力。

十九、营销管理

本课程内容力图反映中国营销管理者在知识经济时代和经济全球化背景下，如何以全新的视野感知顾客的价值观念及其购买行为的变化，分析产业发展与竞争的演化规律，从而以科学和创新的营销战略、策略提供顾客价值，建立、保持并发展顾客关系及其资源，关注企业的社会责任，最终实现企业（组织）的可持续发展。

二十、项目管理

本课程将以国际项目管理协会（IPMA）提出的职业项目经理必须具备的 42 项能力要素和美国项目管理学会提出的职业项目经理必须具备的知识体系为基础，结合大量的案例讨论，使学生掌握项目管理的思维方式，形成解读商业和项目信息的能力、发展和整合项目资源的能力、将项目创意转化为项目成果的能力。

二十一、商业实战大赛

商业实战大赛是 EMBA 实践教育的重要方式，大赛实行团队参赛模式，队员进行商业模式的案例撰写和阐述，以便其能够更好地结合管理理论与实践，取得更好的实践学习效果。与此同时，来自校内外的权威教授、投行专家、财经媒体等互动交流，使商业模式或方案更为成熟与完善。

二十二、海外移动课堂

现代企业家需要应对来自全球的竞争，商界领袖更是如此，全球化视野是他们必须达到的高度。在暨南大学 EMBA，学校特意安排了 15 天的海外访学模块，并将其作为 EMBA 教学的重要环节，其内容就是去全球性名校和国际知名企业访问交流。通过近距离接触世界一流大学和企业，学习从不同视野看世界，融汇东西方管理思想，获得商业经营的灵感。

二十三、国内移动课堂

国内移动课堂将结合著名企业参观考察、学生交流、主题研讨、教授点评的方式进行，以求让学生在交流中分享经验，在学习中提升自我。学生的足迹遍布环渤海经济圈、长江三角洲经济圈、泛珠三角洲经济圈、西部经济圈。

二十四、华商管理论坛

华商管理论坛，是由暨南大学管理学院主办，以众多华商企业家、MBA、EMBA 校友平台为载体，以“开启华商智慧，传承华商文化”为宗旨，依托校内实力雄厚的师资队伍及邀请海内外知名学者共同参与的大型论坛。至今，华商管理论坛已成功举办超过百届，成为华南地区经济管理领域规模最大、影响最为广泛的高端论坛之一。在这片讲坛上，来自国内外高校商学院的院长们共商发展大计，来自海内外的资深教授们倾力授课，来自知名企业的企业家们传授实践经验，也有政府高官们解读政策法规等。胡军、李从东、张铁林、郎咸平、余世维、蓝海林、席酉民、李大西、邓大松、谢德仁、李阳春、杨春南、李惠彬、曾金贤、黄鸣、唐·舒尔茨、彼得·圣吉、钱·金等都曾在华商管理论坛上为弘扬华商文化、培育华商领袖、服务华商社会分享自己的知识财富。

附录二　暨南大学 EMBA 教育所获荣誉及成果

2002 年　暨南大学成为我国首批开展高级管理人员工商管理硕士（EMBA）学位教育的试点院校之一

2002 年　暨南大学管理学院与美国斯坦福大学签订联合培养 EMBA 战略合作协议，这表明暨南大学 EMBA 教育迈入国际化进程

2003 年　暨南大学获得工商管理一级学科博士授权点，这表明暨南大学工商管理学科人才培养梯队体系得到了完善

2003 年　暨南大学 EMBA 俱乐部正式成立

2004 年　暨南大学第一批 EMBA 学生迈出国门，搭建全球商业平台

2005 年　暨南大学第一批 EMBA 学生顺利毕业

2006 年　暨南大学获得管理科学与工程一级学科博士授权点，这将进一步促进暨南大学商科教育实现跨学科、跨平台的高端人才培养

2006 年　暨南大学在《福布斯》中国商学院排名中获学员对商学院满意度排名第一

2006 年　暨南大学管理学院与美国西北大学签订联合培养 EMBA 战略合作协议

2006 年　暨南大学 EMBA 在安徽正式设立教学中心

2006 年　EMBA 校友叶惠全捐建暨南大学管理学院大楼正式落成，并命名为惠全楼

2006 年　成功举办第三届全国 MBA 联合会主席峰会

2007 年　暨南大学 EMBA 在山东正式设立教学中心

2007 年　暨南大学华商管理论坛正式设立

2008 年　暨南大学管理学院隆重举行十周年庆典活动

2009 年　暨南大学 EMBA 在浙江正式设立教学中心

2009 年　暨南大学 EMBA 医药卫生班开班，并被评为特色竞争力 EMBA

2010 年　暨南大学正式成为美国精英商学院协会 AACSB 会员

2010 年　暨南大学管理学院被腾讯网评为“中国十大 MBA 教育学院”

2010 年　暨南大学管理学院获得中国教育网颁发的“十大商学院杰出贡献奖”

2010 年　暨南大学管理学院被环球网评为“十大 MBA 学院”

2010 年　暨南大学华商管理案例基金正式成立，这表明暨南大学的实践教育体系得到了进一步的完善

2010 年　暨南大学 EMBA 羽毛球队正式成立

2010 年　暨南大学 EMBA 在华东正式设立教学中心

2011 年　暨南大学正式成为中国内地第五所通过 AMBA 国际认证的高校，这表明暨南大学 EMBA 教育迈入世界一流商学院行列

2011 年　暨南大学成功主办第十二届中国 MBA 发展论坛、第二届中国 EMBA 高峰论坛暨中国商学院领袖年会，这是目前我国 MBA 和 EMBA 举办级别最高、规模最大、影响最广的盛会，获评“2011 中国商学院十大最具影响力活动”

2011 年　暨南大学 EMBA 项目获评 21 世纪传媒“2010—2011 年度 21 世纪商学院竞争力调研特色竞争力 EMBA”

2011 年　左小德教授创作的华商管理案例荣获“全国百篇优秀管理案例”

2011 年　暨南大学 EMBA 联合会正式成立

2011 年　暨南大学 EMBA 安徽联合会正式成立

2011 年　暨南大学 EMBA 深圳联合会正式成立

2012 年　暨南大学管理学院正式成为欧洲管理发展协会 EFMD 完全会员

2012 年　暨南大学“经济管理实验教学中心”正式获批“十二五”国家级实验教学示范中心，这为暨南大学 EMBA 实验实践教学的发展提供了有力的支持和保障

2012 年　暨南大学管理学院师生四个案例获评“全国百篇优秀管理案例”

2012 年　暨南大学管理学院申报“工商管理”一级学科，获批广东省重点学科，并位列最高等级的攀峰重点学科计划

2012 年　暨南大学 EMBA 佛山联合会正式成立

2012 年　暨南大学 EMBA 慈善俱乐部、红酒俱乐部、摄影俱乐部正式成立

2012 年　暨南大学 EMBA 在北京正式设立教学中心

2012 年　暨南大学 EMBA 举办了以“百年暨南，辉煌 E 生”为主题的十周年系列庆典活动

2013 年　暨南大学第一届“E 战成名”商业模式大赛正式举办

2014 年　暨南大学管理学院荣获“21 世纪中国最佳商业模式战略合作伙伴”称号

2014 年　暨南大学管理学院荣获“全国最具价值 30 所商学院”称号

2014 年　暨南大学 EMBA 羽毛球队荣获全国商学院杯 EMBA 羽毛球赛总冠军

2015 年　暨南大学 EMBA 篮球队、投融资俱乐部、书画社正式成立

2015 年　暨南大学 EMBA 在上海正式设立教学中心

2015 年　暨南大学 EMBA 羽毛球赛荣获第四届华南杯 EMBA 羽毛球赛冠军

后　记

二十余年来，我国专业学位教育得到了突飞猛进的发展，商科教育也取得了举世瞩目的成就，此书记载的不仅是十余家企业的发展历程，也是我国商科实践教育的一个侧影。编者一直从事包括 MBA 和 EMBA 在内的商科教育与管理工作，参与和推动了我国商科教育的发展，见证了一代又一代华商企业家的成长，感慨良多，受益匪浅，这些经历为编者编著此书奠定了广泛的基础。

感谢以下十四位企业家提供了其宝贵的企业素材，他们分别是惠州市昌亿科技股份有限公司董事长杜崇铭、深圳艾华邦艺术衍生品公司总经理李宝焰、广州德诺物流有限公司董事长刘凡军、广州名度网络公司总经理张喜春、广州渔道工作坊合伙人吴文志、广东信宇工艺玩具有限公司总经理陈亮、广州果潼商贸有限公司总顾问乔立波、广州乾元和制衣有限公司总经理沈贤旺、北京多美淘网络科技有限公司总经理马先锋、21 世纪经济报道华南广告中心常务副总经理卢初阳、广西合浦黄记玥亮饼业有限公司总经理黄廉伟、广州视声集团常务副总经理彭永坚、幸福世家老龄产业投资集团董事马静、广州神田农业有限公司顾问伍波涛。还要感谢暨南大学 EMBA 教育中心的龙妙君、沈丹、李亚楠、赖国香、朱晓敏、何凯、孙淏、黄万根等老师对编写工作的支持。在本书即将付梓出版之际，感谢暨南大学出版社对管理学院商科教育的关注和对本书编辑出版的大力支持。

“既然选择了远方，便只顾风雨兼程。”祝愿中国经济稳步崛起，祝愿中华企业决胜千里，祝愿中国管理教育蓬勃发展！

吴　菁

2016 年 12 月